嚴州

严州府城古牌坊

张 炜 张梦新——著

ZHEJIANG UNIVERSITY PRESS
浙江大学出版社
·杭州·

严东关西路
府西路
府西路
环城西路
梅花中路
车站路
西门街
宝华洲坊
梅花中路
西湖
后历街
里仁坊
梅城大道
严陵路
梅城高速

严州府城古牌坊分布图

环城北路
严东关西路
乌龙山坊
勤俭路
总府后街
总府街
开国侯坊
东湖坊
祖孙科甲坊
东门街
东湖
东门街
龙山书院坊
严东关路

图书在版编目（CIP）数据

严州府城古牌坊 / 张炜，张梦新著. -- 杭州 : 浙江大学出版社，2022.9

ISBN 978-7-308-22918-0

Ⅰ. ①严… Ⅱ. ①张… ②张… Ⅲ. ①牌坊－介绍－建德－古代 Ⅳ. ①K928.71

中国版本图书馆CIP数据核字(2022)第149070号

严州府城古牌坊

张　炜　张梦新　著

责任编辑　宋旭华
责任校对　周烨楠
封面设计　杨凯伊
出版发行　浙江大学出版社
（杭州市天目山路148号　邮政编码　310007）
（网址：http：//www.zjupress.com）
排　　版　杨凯伊
印　　刷　浙江海虹彩色印务有限公司
开　　本　880mm×1230mm　1/32
印　　张　6.75
字　　数　189千
版 印 次　2022年9月第1版　2022年9月第1次印刷
书　　号　ISBN 978-7-308-22918-0
定　　价　78.00元

浙江大学出版社市场运营中心联系方式：0571-88925591；http：//zjdxcbs.tmall.com

为了千年的石质经书

程士庆（浙江文学院院长、浙江文学馆馆长）

对于现在的年轻人而言，严州远不如在此兴建新安江水电站而淹没其所辖遂安之地成为的千岛湖来得耳熟能详。我对此有份格外的亲切，这源自我大学毕业后工作的浙江省文联就位于严州（现已改回三国时的名称建德）路上，旁边一条小路便是遂安路。

梅城古镇是古严州府的州府、建德县的县衙所在地，“天下梅花两朵半，一朵北京，一朵南京，严州半朵”，其得名与朱元璋有关。古代自严州建城以来便有说“严州不守，临安必危”，朱元璋出生地凤阳距此不远，想必这位熟通民谚的草莽皇帝知道这地方的重要，便派他的外甥李文忠来修建严州城，这小子便把当地最漂亮的姑娘献给了舅舅为妃。这姑娘喜欢梅花，朱元璋干脆将其家乡城墙的雉堞做成梅花状，可惜红颜薄命，城墙建了一半，姑娘便香消玉殒，城墙也就半途而废，但后来明朝的两京城墙均为梅花状，就不知与朱元璋心里还惦记这位严州姑娘有否关联了。

当然，传说只能当故事听听罢了，在严州真实存在过的地标要数历代竖以表彰功勋或记述功德的牌坊，据说鼎盛时严州城里建有 199 座牌坊，可谓满城处处有牌坊。牌坊是中国历史发展进程中出现的一个特殊文化现象，是中华民族优秀传统文化的一个重要标识。它以雄伟壮观的外形和深刻的思想文化内涵而引人注目，同时因其以石构建，而被人们形象地称作“石质的经书”。严州古牌坊伴随了严州古府近 1300 年的辉煌历史，是“再现‘千年古府’新面貌”坚定的见证者和践行者。

除了牌坊，严州也与浙江古代文学结下不解之缘，杜牧、范仲淹、陆游等曾先后在唐宋时来此任职，东晋的中国山水诗第一人谢灵运和历代众多诗人也曾游历这里的山水，陶醉于斯，赋诗传诵至今，当然其中最有名的莫过于孟浩然《宿建德江》中的千古佳句“移舟泊烟渚，日暮客愁新。野旷天低树，江清月近人”……这些都成为了本书的有机附录。

本书的两位作者，张炜是浙江大学硕士、杭州市委统战部下派梅城镇的挂职干部，张梦新教授是浙江大学知名学者，也是我敬重的师辈。他们深入挖掘古牌坊的文化价值，并以梅城镇美丽城镇建设过程为时间轴线，梳理严州府城古牌坊的复建过程，把牌坊文化与严州精神紧密结合在一起，有力助推严州文化产业向更高层次发展。同时，《严州府城古牌坊》一书也为前往梅城古镇的各界朋友们提供了一个了解严州古牌坊和严州文化的快捷途径，从而吸引更多的朋友来梅城古镇研学、旅行、创业和投资。

习近平总书记指出：“文化自信是一个国家、一个民族发展中最基本、最深沉、最持久的力量。”[1]“中华优秀传统文化是中华文明的智慧结晶和精华所在，是中华民族的根和魂，是我们在

[1] 2020 年 9 月 8 日，习近平总书记在全国抗击新冠肺炎疫情表彰大会上的讲话。

世界文化激荡中站稳脚跟的根基。”[1]

希望《严州府城古牌坊》一书，能为挖掘严州历史文化资源，助推严州文旅事业，提升严州文化内涵，为弘扬“建功立德”“先忧后乐”的严州精神作出积极的贡献。

是为序。

2022 年 7 月 27 日

匆于浙江省委党校余杭新校区

[1] 2022 年 5 月 27 日，习近平总书记在中共中央政治局第三十九次集体学习时的讲话。

前　言

建德梅城，地处钱塘江中游，背靠乌龙山，位于新安江、富春江、兰江三江交汇处，是一座历史悠久的千年古城。

早在东吴黄武四年（225），吴王孙权析富春县置建德县，梅城即为县治所在地。隋仁寿三年（603）置睦州，武则天万岁通天二年（697），梅城为州治所在地；宋宣和三年（1121）改睦州为严州，南宋咸淳元年（1265），梅城又升格为建德府治所在地。所以，梅城有着引以为傲的约 1800 年的历史。

梅城是“国家千强镇”，也是浙江省首批中心城镇，更是浙江省“美丽城镇”建设的启航地，这里风光秀丽，环境优美。漫步在整洁的街道上，最先吸引人眼球的，就是那一座座几乎随处可见的高大雄伟的石牌坊。它们是一道道古色古香的风景，点缀着美丽的街市；是一件件造型庄重、图案华丽、美轮美奂的艺术精品，为古城增光添彩；它们好似一个个巨人，见证小城的历史与沧桑；又如同一座座丰碑，默默无语地倾诉古镇的历史和故事。

牌坊，是中国极具特色的传统文化标识之一，不仅集设计、建筑、绘画、雕刻、文辞、书法等艺术之美于一体，而且熔历史、文学、哲学、美学、伦理学、社会学等多种文化于一炉，具有鲜明的旌表褒奖和伦理导向功能，也具备很高的审美价值和历史文化价值。

梅城是一座牌坊之城。宋代绍兴己未春，董弅的《严州图经 · 坊市》中，已记载严州有阜俗坊、辑睦坊等 19 座牌坊；而《光绪建德县志 · 坊表》记载，当时有里仁坊、辑睦坊等 122 座。据史料记载，最多时严州古城有着 199 座牌坊。

但经历了千年的历史风雨，特别是清代太平天国时期的鏖战与兵燹，以及抗战时期日寇飞机的轰炸，到 1966 年初，梅城只剩下了十几座牌坊。而到了“文化大革命”时，梅城镇的石牌坊被作为“四旧”全部拆除，埋进了历史的垃圾堆里。

改革开放后，百废俱兴，梅城人民怀念那些销声匿迹多年的古牌坊。因为这些牌坊中有严州的历史，记录了他们的祖先、他们敬仰的英雄豪杰的事迹。1993 年，在建德市委、市政府的支持下，修复了以纪念宋代名臣、睦州知州范仲淹为主题的思范坊和以纪念三国东吴名将孙韶为主题的建德侯坊，这成了当年梅城的特大新闻，百姓们欢欣鼓舞，奔走相告。2018 年，在修复、重建古牌坊的民众呼声中，严州文化研究会向建德市人民政府提交了专题报告，要求发掘整理“文革”期间埋藏在梅城影剧院地下的石牌坊。此后，在杭州市文物局和杭州市文物考古研究所的直接参与下，对掩埋在梅城影剧院地下半个多世纪的石牌坊进行了三个多月的发掘、整理，共计出土各类石牌坊的老构件 3100 余件。

2018 年，在杭州市梅城“美丽城镇”建设指挥部总指挥、杭州市副市长缪承潮的牵头协调下，杭州市钱江新城管委会、杭州市运河集团和建德市委市政府一起，正式开启了梅城古镇和古牌坊的修复工作。2019 年 9 月 6 日，浙江省“美丽城镇”建设现场会在梅城召开，时任省委书记车俊率领全省地、市、县委书记到梅城现场察看，并作了“想通过梅城建设新时代美丽城镇，再现千年古府新面貌，为全省层面积累经验，发挥示范引领作用”的重要讲话。

由于得到省、市领导的关心与重视，梅城的古牌坊修复工作进展空前顺利，到 2022 年，已修复、重建了 15 座古牌坊。

梅城最早于 1993 年修复重建的石牌坊，是为旌表和纪念北宋范仲淹而立的思范坊。范仲淹（989—1052）于明道二年（1033）十二月被贬为睦州知州，景祐元年（1034）正式上任。在主政睦州期间，他兴利除弊、体恤民生，拨公帑修缮文庙与州学，并在乌龙山南麓创办了龙山书院——这是睦州也是中国历史上第一所州府官办的书院。

范仲淹还捐献俸禄，募集资金，为一代高士严子陵构建了祠堂，并写下了不朽名作《严先生祠堂记》。他称扬了严子陵耿介不屈、光明磊落的高风亮节，突出其道德风范，以纠正官场阿谀逢迎、腐败钻营之弊，文章“贪夫廉，懦夫立”的高超立意，影响极为深远，至今仍散发出夺目的光辉。

思范坊，旌表并思念着范仲淹这位著名的政治家、思想家、文学家和严州的老领导，成为了严州百姓心中的道德高标。

与思范坊同年恢复修建的建德侯坊，是为了旌表三国东吴扬威将军、建德侯孙韶而立的。

孙韶（188—241），三国吴郡富春人，骁勇善战，屡立战功，被封为扬威将军、建德侯。吴黄武四年（225），吴王孙权析富春郡设建德县，为孙韶食邑。建德县名即来源于此，寓建功立德之意。今天，见到建德侯坊这座高大雄伟的建筑，会让人想起这位建德的第一任最高长官，并激励大家积极努力，为国、为民建功立德。

建德人宋兴，是孙韶之后又一位建立丰功的人物。开国侯坊，就是为纪念东晋的开国侯宋兴和唐朝名相宋璟而立的。在开国侯牌坊正面额枋下题写着一段铭文，交代了该坊的兴建缘由：

西晋末年五胡乱华时，建德宋氏讳兴者为冀州太守。因统兵护龙，定鼎金陵，开国东晋有功，被封开国侯。

而在该牌坊的背面，则是表彰大唐名相宋璟的内容。宋璟开元三年（715）曾为睦州刺史，为人耿介有大节，敢犯颜直谏，为政清廉，深得民心，人称“有脚阳春”，意为宋璟就像长了脚的春天，走到哪里，就会给那里带来温暖。

深厚的历史文化底蕴，使得严州钟灵毓秀、人文荟萃。人们不仅为崇敬缅怀范仲淹、孙韶、宋兴、宋璟这样的贤牧名臣和公侯将相而建坊，而且也彰表纪念了那些富有气节的文人和名士。府前街上的三元坊，最初就是明代正统十三年（1448）严州知府为乡试、会试、廷试“三元及第”的商辂而立的。

商辂（1414—1486），是明代近三百年科举考试中唯一正史留传“三元及第”的名状元。人们敬仰他，不仅因为他是内阁首辅，官至大学士，更是因为商辂为人刚正不阿、宽厚有容，能极显砥柱之用，而且勤政爱民，赈恤弥灾，深受百姓爱戴。额枋的匾额上“三元坊”三个大字，为明代书法名家祝允明所题写；下额枋题字板上“会元状元解元”六个笔力遒劲的大字，出自明代书法大家董其昌之手，所以该牌坊具有极高的文史价值。

说到状元，还不得不提状元坊的坊主方逢辰。方逢辰是南宋著名教育家、理学家，人称“蛟峰先生”，累官至吏部尚书。他虽屡遭贬谪，但清介自守，保持笃行修己的独立人格。宋亡后，元朝下诏想起用他，方逢辰写了《被召不赴》诗表明心迹。

除了商辂、方逢辰这样的状元，古代严州府在科举史上共出了 822 名进士。重新修复的祖孙科甲坊、里仁坊、都宪坊、清朝耳目坊等，就都是为考取进士且有功德者所立的牌坊。这里仅举里仁坊为例。

里仁坊，现在位于梅城镇玉带河边，是为纪念北宋左司谏江公望而立。宋代睦州江家是望族，除了江公望和其兄公著、其弟公明，还有江公佐、江公亮，都先后举进士，堪称科举史上的奇迹。

江公望当了长约二十余年的谏官，不畏权贵，对朝政得失、官吏升迁弹劾等秉公直谏，被誉为“铁面谏官”。

里仁坊正面雕刻有一图，图中故事为：江公望力谏宋徽宗在皇宫内蓄养珍禽异兽是“玩物丧志”，徽宗因此尽驱珍禽异兽，并于龙头拐杖上刻写江公望名字以自省。这图彰显了江公望直言敢谏的品德，也是劝谏、纳谏的生动教材，为今人所警醒。

坊名“里仁”，出自《论语》“里仁为美”句，强调择居、择邻当以仁德作为重要标准。所以，“里仁坊”这一坊名，对于我们今天弘扬江公望秉公直谏的品德与创建和谐文明社区、重视道德品质教育，也颇具现实意义。

梅城的牌坊遍布全镇城区，大多是旧存却在战乱中被损毁的老牌坊，这次是重新修复，但也有的是根据历史资料和史实全新设计、建造的，这里介绍一下理学名邦坊和龙山书院坊。

严州是南宋理学的重镇。宋孝宗乾道五年（1169），理学大师张栻知严州，同年九月，理学大师吕祖谦出任严州儒学教授。

他俩邀请宋代理学宗师朱熹到严州讲学。三位理学大师齐聚严州，人称“东南三贤”。他们一起讲学论道，辨析理学精微，吸引了天下士子蜂拥而至，使得严州成为南宋时天下闻名的理学名邦。“理学名邦坊”，位于梅城中心大街的右边，即由此而于2019年秋新建。

理学名邦坊挖掘了“东南三贤”严州讲学这段正史中容易为人忽略的史料，为宋史和浙江文化史研究提供了丰富的内容，也提升了严州的文化含量和品位。今天，当我们走过这座四柱三间五楼的冲天式建筑时，当由衷为严州的深厚文化内涵和积淀而自豪。

2020年秋新建的“龙山书院坊”，气势雄伟、端庄古朴，它是为纪念范仲淹创办龙山书院兴教重学而立的。严州文脉深厚，从明代的会文书院，清代的文渊书院、宝贤书院，直到现在的严州中学、严州师范学校，范仲淹重教兴学理念为振兴文脉、泽被后世所起到的作用，即此可见一斑。“龙山书院坊”与1937年浙江大学西迁至梅城时的“竺可桢故居”以及浙江大学西迁纪念馆一起，已成为梅城文旅线上备受关注的亮点。

与理学名邦坊东西相望的是汉富春治坊。汉富春治坊大气庄重，表明了严州的地理位置，也说明了严州作为“江浙锁钥”、“龙兴之州”的重要历史地位。汉富春治坊、理学名邦坊和思范坊一起，巧妙地组建成一个品字形的牌坊群落，成为梅城古镇正大街、西门街、府前街、总府街十字街口一道最靓丽夺目的风景。

梅城的牌坊中，另有一类就是以民生福祉为主题的牌坊，如字民坊、辑睦坊、富寿坊等，都属此类。这三座都是最初建于宋代的老牌坊。

辑睦坊，是2019年梅城石牌坊修复重建工程完成的第一座牌坊，旧名黄浦，宋淳熙中更名辑睦。“辑睦坊”的寓意就是希望君臣齐心、内外和睦、国泰民安。但是封建统治阶级所谓的“辑睦”，说穿了只不过是对广大民众的欺骗，而在今天，中国共产党已经把建设“社会主义和谐社会”作为国家的重要战略任务。因此今天的辑睦坊，不仅让我们想到古城历史的变迁，也新增了人们要和睦相处，与党和政府同心同德，共建和谐社会、和谐家园的时代新意。

再说字民坊。南宋时赵禥在即位前，曾被敕封为严州遂安军节度使，咸淳元年（1265）即位为度宗后，赵禥颁发了《咸淳御制字民铭》。字民坊，即得名于《咸淳御制字民铭》。

富寿坊，最初名为易俗坊，后来改名为阜俗坊，南宋时改为物阜坊，明成化十五年，才改名为富寿坊，四易其名。富寿，意为富裕而长寿。从坊名的更改、变迁，似都寄寓了立坊者对物丰人和、安居乐业、富裕长寿等的美好期望。

从上可知，梅城镇上的每一座牌坊，都有沉甸甸的历史，都有丰富的内涵，都有无穷的艺术魅力，它们记录了千年古城的历史和变迁。

严州古城石牌坊巍然挺立，高耸云天，“不以物喜，不以己悲”，展现了严州人的高士之风；它们襟怀坦荡，直面世人，体现了光明磊落的君子情怀；它们一身硬骨，不畏风吹雨打，呈现出宁折不弯、刚正不阿的严陵风骨。它们屹立于梅城大地，聚山川自然之灵气，显人文历史之厚重，折射出独特的赓续千年的严州文化，让人为之赞叹，为之赞美。

我们由衷感谢浙江省和杭州市领导对梅城“千年古城”复兴工程与古城牌坊修复、兴建工作的大力支持。我们感谢建德市委、市政府和梅城镇委、镇政府的领导，是他们延请了浙江、安徽等地的多家研究院、设计院、建筑公司的名师巨匠、能工巧手。我们感谢这些牌坊的修复、建造者，感谢那些设计师、艺术家、雕刻师和施工人员。我们也由衷地感谢关心、爱护古城牌坊的严州父老乡亲，特别是严州文化研究会为文史资料挖掘、图案样式设计、文字修辞确定等付出的辛劳和心血。

2021 年 3 月 24 日下午，正在福州考察的习近平总书记走进三坊七巷历史文化街区时强调："保护好传统街区，保护好古建筑，保护好文物，就是保存了城市的历史和文脉。对待古建筑、老宅子、老街区要有珍爱之心、尊崇之心。"（新华网 2021 年 3 月 25 日）而早在 2002 年 4 月习近平应邀为《福州古厝》一书作序时就写道："保护好古建筑、保护好文物就是保存历史，保存城市的文脉，保存历史文化名城无形的优良传统。……作为历史文化名城的领导者，既要重视经济的发展，又要重视生态环境、人文环境的保护。发展经济是领导者的重要责任，保护好古建筑，保护好传统街区，保护好文物，保护好名城，同样也是领导者的重要责任。"（《福建日报》2015 年 1 月 6 日重发）习近平总书记的文化情怀和这些语重心长的讲话，值得我们认真学习，并积极践行。我们应该让梅城的古牌坊活起来，让历史与艺术转化为文旅资源，让子孙后代牢记祖先的"建功立德"和"先忧后乐"，珍爱和保护先祖馈赠给我们的这份宝贵文化遗产。

2022 年 5 月，中共中央办公厅、国务院办公厅印发的《关于推进以县城为重要载体的城镇化建设的意见》指出"传承延续历史文脉，厚植传统文化底蕴。保护历史文化名城名镇和历史文化街区，保留历史肌理、空间尺度、景观环境"，并提出了"到 2025 年，以县城为重要载体的城镇化建设取得重要进展"的明确要求。这为梅城巩固“美丽城镇”建设成果，加快推进千年古城复兴指明了方向和目标。

而与此同时，又传来了建德市牵手浙江文投集团，共同以梅城古镇为核心，进一步挖掘、保护、传承历史文脉的喜讯。在此基础上，我们建议，梅城镇也应该积极开展梅城古城、石牌坊申报浙江省文物保护单位、历史文化街区的行动，以激发千年古城的发展活力，使严州古城以更高的知名度走向全国，走向世界。我们相信，梅城的这些古牌坊，将作为严州历史肌理和宋韵文化遗存的重要代表，成为建德成功保护历史文化名城、名镇和历史文化街区的标志性成果，成为促进文旅发展的一张金名片。

本书主要面向旅游休闲者和文史爱好者。在书的最后，我们精选了从中国山水诗开创者南朝的谢灵运到清代《四库全书》的总纂修官纪昀的 48 首古诗，冠名“严州古诗选萃”以飨读者。作者中既有谢灵运、孟浩然、刘基、苏轼、朱熹、杨万里、范成大、赵孟頫这样的文化巨子，有许浑、杜牧、范仲淹、赵抃、陆游等曾在严州（睦州）当过地方长官的诗坛大家，也有罗隐、方干、方逢辰、商辂等严州籍的学者和诗人。这些名家和名作，宛若璀璨的群星，使我们更感受到严州文化的博大和迷人。

希望这本小书，能让更多的人了解严州府城石牌坊，了解严州的灿烂文化，为保护、传播和弘扬严州的历史文化奉献绵薄之力；也希望通过这本小书，能吸引更多的人来到梅城，亲身感受这座千年古城的无限魅力。

张　炜　张梦新

二〇二二年六月

目录

“千年古府”梅城

今建德市梅城镇是古时严州府的州府、建德县的县衙所在地，历史悠久、文化璀璨，是一座“千年古府”。早在三国吴黄武四年（225），孙权析富春县置建德县，此为建城的开端。唐万岁通天二年（697）迁睦州（严州前身）州治至建德县，即今梅城古镇。宋宣和三年（1121）改睦州为严州。至1959年，撤销建德专署。从697—1959年，历时长达1262年，梅城一直作为府治所在地，确是名副其实的“千年古府”。

梅城（严州府城）因城墙上梅花形的城垛而得名。梅城地处浙西，与安徽、江西交界，北依乌龙山，南临三江口（新安江、兰江、富春江交汇处），是山水独绝之胜地。因水路便利，且地处“江浙锁钥”之要冲，严州曾是“千车辚辚，百帆隐隐”的繁华商埠，新安江上游的徽州、兰江上游的金华和衢州、富春江下游的杭州等地商人均将严州作为中转枢纽和重要商埠开展商贸活动。在宋代，朝廷更是在此地设置了神泉监（铸币机构，全国仅十余家），这充分说明了梅城的商业曾经十分发达。

同时，梅城（严州）也是一座人文荟萃、文化兴盛之城。早在南北朝时，谢灵运、沈约、任昉等诗人就留下了吟咏七里濑、新安江的诗篇；唐代，孟浩然、李白、刘长卿、僧皎然、权德舆、许浑、杜牧、罗隐、方干、吴融等著名诗人的诗作，使严州成为“唐诗之路”不可或缺的重要一环。而宋元以降，范仲淹、梅尧臣、苏轼、陆游、范成大、杨万里、赵孟頫、刘基、胡应麟、查慎行、纪昀等名家的吟咏，更是使严州山水与人文风光声名远播。

严州府城全景

梅花城垛

唐代许浑、杜牧和宋代范仲淹、赵抃、陆游等著名诗人曾任知州；张栻、吕祖谦、朱熹等大学者，施肩吾、詹骙、方逢辰、商辂等严州籍的状元，海瑞、黄公望、袁昶等名臣雅士，都在严州留下了各自光辉夺目的印记。“明代四大奇书”中，《水浒传》《三国演义》《金瓶梅》都写到严州；而被誉为“中国短篇小说之巅峰”的《聊斋志异》的最早刻本就是清代任严州知府赵起杲的“青柯亭本”……正是这些名士名家和政治家、文学家、艺术家，形成了严州特有的令人艳羡的深厚文化，包括严州诗学、新安画派、严陵理学等等。可以说，从严州建城开始的一千多年的时间里，她一直是钱塘江上游的政治、文化、经济中心，在很长时间内，

青柯亭

云山苍苍，江水泱泱

富春江大坝

其于浙江的地位仅次于省会杭州。

可是一座城的命运也会因时、因势而改变，正所谓“盛久必衰”。20世纪50年代后期，由于在富春江桐庐段修建大型水利工程，上游的水位急剧上升，梅城城区被淹没至少三分之一的地方。同时，由于大坝阻断了上下游的航运，梅城失去了水上交通枢纽的地位。另外，1959年建德专署撤销，成为建德县；1960年，建德县城从梅城搬到今新安江街道；1963年，建德县划入杭州市。从此，严州成为历史名词，而梅城则从府城降格为乡镇，在城市化进程的滚滚洪流中，日渐式微。

建设前

西湖
玉带河
东湖
福运门
城墙
城墙
澄清门
建设中

建设后

然而，满怀严州精神的梅城人生生不息、与时俱进，他们抓住机会，砥砺前行。1992 年，国务院同意撤销建德县设立建德市，梅城也迎来了新的发展机遇。弹指间，建德已经撤县建市 30 年，从 1992 年财政收入只有 1.1 亿元的小县城，一跃成为 2021 年财政收入达 66.6 亿元、地区总产值达 430.6 亿元的宜居城市。这期间，梅城也一直迎头追赶、修炼内功，终于在 2018 年再次站到舞台中央。是年 10 月，杭州市在梅城举行“美丽城镇”示范区建设现场会，梅城被确立为“浙江省美丽城镇建设启航地”，并提出了“打造新时代美丽城镇样板典范，展现千年古府新面貌”的目标。2020 年 12 月，梅城镇获评“美丽城镇”省级样板；2021 年初，梅城镇又被确立为浙江省千年古城复兴第一批试点古镇；2021 年 12 月，梅城严州古城入选国家 4A 级旅游景区……

毫无疑问，梅城是一座“千年古府”，历史不会忘记严州曾经的辉煌，而梅城的蜕变正体现了严州的赓续。相信在新时代中华民族伟大复兴的浪潮中，这座千年古城定会再现繁华，让世人瞩目与惊叹！

古牌坊

在“美丽城镇”建设中重生

我是一名杭州市级机关下派梅城古镇的挂职干部。2021年底，当我第一次走进梅城，就被这里的白墙黛瓦、青砖石板、梅花城墙深深吸引，好似“梦回盛唐隆宋”，于是我不由地喜欢上了梅城。我喜欢这里，喜欢每日工作之余在古街漫步，徜徉在大街小巷。古镇上有一样“宝贝”吸引了我，于是我查阅了不少书籍和资料。久而久之，我对这些“宝贝”更加入迷。此后，每次路过这些“宝贝”，我都会驻足欣赏，仿佛短暂地进入另一个时空，听见它们正在述说的故事……

直到有一天，浙江大学的张梦新教授来参观梅城古镇时对我说：“张炜，古镇上的古牌坊都是石质的经书，在向人们述说历史，你可以出一本书，写写这些石牌坊。”当时我很惊讶，张教授第一次到古镇游玩，顶多也就半天时间，可赏可看的古迹那么多，怎么就偏偏盯上了这些古牌坊，而这又恰恰就是我来古镇后所沉迷的“宝贝”。张教授的提议正合我意，于是我就决心和张教授一起来编写这本书。

这本书旨在面向普通游客读者群体，以普及有关建德梅城的文史知识、助力文旅为目的，所以仅对目前梅城已复建完成的石牌坊进行介绍，以使读者现场观赏牌坊时有更多的认知和感触。我在想，严州古城要发展文旅产业，首先就要提升全域业态，而打造沉浸式的宋韵文化项目就是一个不错的选择，那么古牌坊便是进入时间隧道最好的门。走进“思范坊”，就能与范仲淹先生对饮论道，听听他当年在此任知州时的种种想法，何故要建龙山

品字形牌坊群

书院？又为何要修严子陵祠堂？《严先生祠堂记》又是在何种心境下创作的？当时，“先忧后乐”的士大夫精神是否已经萌芽？……我想，与先贤的对话一定会乐趣无穷。

毁灭

牌坊建造，萌芽于先秦。编成于春秋时代的《诗经》，其《陈风 · 衡门》曰："衡门之下，可以栖迟。"诗中的"衡门"，是以两根柱子架一根横梁的结构，就是后来牌坊的老祖宗。到唐代，城市采用里坊制，城内被纵横交错的棋盘式道路划分成若干块方形区，这就是"坊"。坊与坊之间有墙相隔，坊墙中间有门，称为坊门。后来，唐代里坊制的坊门，又变为宋代废里坊制而建的地标性建筑乌头门。而至明清时代，牌坊的纪念和旌表功能以及导向等功能更为明显，所以牌坊遍地开花，材质也从木质、石质升级到琉璃等，形式也更多样。据记载，在梅城镇155平方公里的范围内，历史上最多时曾有199座古牌坊，而且大多数都在1.56平方公里的城区内。于是，遍地林立的石牌坊成为严州府城的一大特色景观，这在整个中国也极为罕见。

可是这些历史瑰宝、石质经书却曾经遭遇天灾人祸，惨遭灭顶之灾。

第一次灾难发生在太平天国运动时期。太平天国运动是一场发生在晚清鸦片战争后的农民起义，1851年洪秀全从广西起兵，两年后定都天京（今南京）。后因北伐、西征失利，加之统治阶层内讧，转入战略防守。清咸丰八年（1858），清军重建江南、江北大营，企图再次围攻天京。由于严州为"浙江锁钥"，宋元时即有"严州不保，临安（杭州）必危"之说，具有重要的战略地位。为解困局，太平军一部进占严州府城，与清军进行了长达六年的拉锯战，曾四次夺取城池并坚守。直到 1863 年，清军大将左宗棠亲率大军炮轰严州，激战半月有余，才以“城中房屋被毁十之八九”的巨大代价夺回严州。对古牌坊来说，不幸也发生于此。据 20 世纪初，民国时期编撰的《建德县志》记载，清末民初严州仍有牌坊 115 座。由此可知，清代鼎盛时期严州拥有的 199 座牌坊，经历太平天国战火，严州整整损失了 84 座牌坊，近一半牌坊毁于这场战乱，悲不堪言。

第二次灾难仍然来自战争——抗日战争。1931—1945 年，中国经历了十四年抗战。严州地处浙、皖、赣和钱塘江流域之要冲，自然未能幸免。自抗日战争爆发以后，由于双方战力尤其是空中力量相差悬殊，中国经常遭到日机空袭，到 1942 年达到高峰。严州城被炸得千疮百孔，俯瞰整座古城，就如同身处火海。古牌坊在这一系列的空袭中遭了殃，最让人心痛的是“三元坊”，这座旌表有明一代唯一正史流传“三元及第”者商辂的古牌坊，也被炸得“粉身碎骨”。到抗日战争结束时，严州城里只剩下古牌坊 23 座，整整又损失了 92 座。

经历两次战争，严州城里的古牌坊较之最盛时期，已经被毁十之有九，到 1966 年初仅剩 19 座。如果说前两次古牌坊被毁是因为“不可抗力”，那么第三次大面积被毁则完全是出于“人祸”。1966 年，随着“文化大革命”破四旧运动的开展，狂热而幼稚的“红卫兵”们盯上了被认为是“封建余孽”的古牌坊。这些红卫兵以

惨遭毁坏的牌坊（陈文星拍摄）

中学生为主，他们用布满血丝的、鲜红的眼睛怒视古牌坊，并一度像拔河一样几十个人用绳索拖拽“封建余孽”，后经“高人指点”，借助农用拖拉机把一座座古牌坊全部拉倒，包括清朝耳目坊、祖孙科甲坊、都宪坊、富寿坊等近年来得到修复的牌坊。“瑰宝”和“余孽”就在一念之间，但悲剧已凝固在 1966 年的夏天。

经过三次摧残，从唐初起，严州府城近1400年的牌坊群，荡然无存，这是严州历史上一大悲痛之事。这让我想起余秋雨先生《一个王朝的背影》一文中所言：“一个王朝总是以一群强者英武的雄姿开头，却常常以一些文质彬彬的凄怨灵魂打下最后一个句点。政治军事经济，不过是文化的外表罢了。”

文化是一城乃至一国兴盛与否最重要的标志，牌坊文化则是严州古府一个重要的文化标志。

重生

要说梅城古镇上的石牌坊，就要先简单说说严州这座“千年古府”的前世今生。严州历史悠久、商贾云集、文化灿烂，地处浙、皖、赣三省和钱塘江流域之要冲，乃“江浙锁钥”和古代兵家必争之军事要地，也是浙江省境内最早有人类活动的地区之一。据史料记载，严州的前身称睦州，隋仁寿三年（603）置州，州治在今淳安县。唐万岁通天二年（697）迁州治至建德县，即今梅城古镇。宋宣和三年（1121）改睦州为严州，咸淳元年（1265）升严州为建德府（相当于今副省级行政单位），统领建德、寿昌、桐庐、分水、淳安、遂安六个县。洪武八年（1375）改称为严州府，直至民国时期。

严州府城楼

严州以州府建制续存近 1300 年，是名副其实的“千年古府”。又因在宋代，宋太宗赵光义、宋高宗赵构、宋度宗赵禥三位皇帝在登基前，都曾授领过严州地方官，所以严州又多了一个美誉，称为“潜藩之地”。

新中国成立后，因在钱塘江上游的富春江和新安江建大型水利设施，影响了严州作为皖浙赣水路枢纽的地位，也缩小了古城的陆地面积。在 1960 年，当时建德县城从梅城搬到今新安江街道，梅城（严州）的行政级别也降至乡镇级。1963 年，严州即今建德县划入杭州市管辖，“严州”这个名字也从此走进历史。从那时开始，梅城发展放缓，日渐式微，成为一座远去的“千年古府”。

严州昔日的光芒不复存在，加之城内建筑、道路年久失修，显露出一番破败不堪的景象，就像一个没落的贵族，充满着失落的沧桑感。宋代严州本土状元方逢辰曾骄傲地说过：“严之所以为望郡而得名者，不以田，不以赋，不以户口，而独以‘云山苍苍，江水泱泱’，有子陵之风在也。”蛟峰先生要是知道约 700 年后严州的败落，定会“独怆然而涕下”。

牌坊就像是梅城的精神支柱，1966 年那场灾难给梅城留下了“釜底抽薪”式的绝望，但是，有严陵之风的梅城人并没有就此沉寂，文化的种子依然在梅城人心中坚强发芽。27 年后，时间来到 1993 年的春天，一群梅城本土文化人士，在看完舞龙灯文化表演后，心中的文化火种被点燃——复建严州古牌坊。这个意见一出，四方响应，包括建德市委、市政府。看来严州文化的种子，一直

改造前街景

改造前街景

深藏于新严州人即今梅城人的心里。

这群商议复建牌坊的人，一定见证过“文革”前树立在梅城古镇上英姿雄伟的石牌坊。历史轮回，27 年正好是一代人的时间。这一代人明白：当年推倒的不只是石头，而今天重建的则是一种精神——严州精神。

1993 年秋天，梅城古镇在正大街首尾两端重建完成了两座石牌坊，分别是“思范坊”和“建德侯坊”。思范坊为纪念北宋著名政治家、教育家、文学家范仲淹而建。范仲淹，字希文，江苏吴县（今属苏州）人。范仲淹于宋仁宗景祐元年（1034），因谏言阻止仁宗废郭皇后而被贬谪任睦州知州。史料记载，他在睦州任职时间不过半年，主要功绩是开创州府官方办学之先例——创办龙山书院；重修严子陵祠堂，并撰《严先生祠堂记》，淬炼“云山苍苍，江水泱泱，先生之风，山高水长”的严陵高士之风，创建了严州人的精神家园。以此坊作为牌坊复建的起点，实在是高明之举，不仅充分表达了牌坊代表一地精神文化支柱的特性，而且赋予了严州人高士之风的精神，可谓是一举多得。

建德侯坊为纪念三国时期的建德侯孙韶而建。孙韶（188—241），字公礼，吴郡富春人。孙韶年少英勇，17 岁就帮助孙权解决了一次政变危机，并因此得到重用。魏黄初元年（220），曹丕称帝，敕封孙权为吴王，加九锡。同年，孙韶升为扬威将军，封建德侯。吴黄武四年（225），孙权析富春县置建德县，为孙韶食邑，建德县名由此而得。虽然，孙韶在历史长河中并非大人物，但此坊的

严州府城中轴线

建立至少有两大远见：一是追溯严州古府的源头，比隋仁寿三年（603）置州的历史又提早近 400 年；二是建构了建德人“建功立德”的精神传统。

为高标准、高品质建设这两座石牌坊，管理者特意从“建筑之乡”和“工艺美术之乡”——东阳聘请资深工匠来梅城修建。建成后的两座牌坊高大雄伟，还邀请剧作大家曹禺和时任中共中央委员、人民日报社社长邵华泽等重要人物为牌坊题字，使牌坊更具价值和意义。

思范坊和建德侯坊的成功复建，为严州古城石牌坊的修复和重建开启了封闭多年的大门，也为严州古城的复兴之路开启了航程。此举，也勾起了很多已离开梅城的老严州人的思乡之情，他们纷纷回乡，故地重游。因为古牌坊的复建远不止是石块的拼凑搭建，而是人们心中“再现‘千年古府’新面貌”的严州梦。

可是 1993 年的良好开端，并没有让严州古城的复建一帆风顺，此后 25 年，复建一事总是“雷声大、雨点小”，个中辛酸，真是一言难尽。真正改变古镇面貌、重现“千年古府”盛况的契机，实始于 2018 年前后的“浙江新时代美丽城镇建设”，这以后梅城发生了翻天覆地的变化。那么 2018 年，梅城到底发生了什么？

美丽城镇启航地

2018年6月初，时任浙江省委书记车俊在浙江省乡村振兴领导小组第一次会议上提出“美丽城镇五问”：一问怎样丰富城镇内涵、完善城镇功能、增强城镇软实力、彰显城镇特色；二问怎样通过城镇的产业发展，带动乡村产业振兴，推进农业的规模经营；三问怎样发挥城镇的集聚效应，让更多的农村人口就近城镇化；四问怎样把城镇的基础设施和公共服务向农村延伸，让农民更好共享发展成果；五问怎样强化乡镇统筹能力，更好地加强对村一级的领导和指导。这便是浙江省新时代“美丽城镇”战略的起源之问。

在城乡格局中，城镇一头连着城市，一头连着乡村，具有独特的价值、独具的优势、独有的功能。美丽城市加美丽乡村，再加美丽城镇，这才是一个完整的美丽中国。“美丽城镇”便是在美丽城市、美丽乡村取得一定建设成果后，适时提出的又一战略发展规划，是连接城市和辐射乡村的重要一环，对促进产业发展、人口城市化、共同富裕等均有重要意义。

成为“美丽城镇”建设的启航地，要归功于梅城当地的建设者。当浙江省首次提出“新时代美丽城镇建设”战略规划时，建德市、梅城镇两级政府立即雷厉风行地行动起来。凭借严州“千年古府”的文化底蕴、区位环境、人文优势，以及梅城在2018年之前小城镇环境综合整治等多个发展契机中，以坚强勇毅的严州精神彻底改变了严州古城“脏乱差”的面貌，积累了优秀底色，才能在艰难的比拼中脱颖而出，得到省、市领导的首肯以及同级乡镇的钦羡。同时，他们认真梳理梅城建设“美丽城镇”的基础和优势，结合多次实地调研，并联合浙江省委政研室完成了一份内容翔实的调研报告《关于开展美丽城镇示范建设的建议——“千年古府”建德市梅城镇调研及启示》。2018 年 8 月 20 日，浙江省委主要领导在认真研读该报告并结合多次实地查看后，作出重要批示：“美丽城镇建设的短板要补齐，梅城镇具有典型性、代表性，杭州、建德要市市联手共同研究推动规划、建设、管理，建设新时代美丽城镇，再现‘千年古府’新面貌。”

2018 年 10 月 17 日，杭州市在梅城举行“杭州建德市梅城镇美丽城镇示范区建设动员大会”，全面打响梅城“美丽城镇”建设大会战，提出了“打造新时代美丽城镇样板典范，展现千年古府新面貌”的目标。梅城顺理成章地一举成为“浙江省美丽城镇建设启航地”，一座可赏可玩、宜居宜业的宋韵古城呼之欲出。

浙江省、杭州市两级领导均多次带队亲临梅城，现场指导和推进“美丽城镇”建设工作。从此，省、市、县各种资源和力量在梅城古镇集聚，为古镇建设带来实质性支撑，梅城进入快速发展阶段，弯道超车，一洗千年尘埃，再现新时代的辉煌，“千年古府”的肌理一点点从历史的尘埃中重现，并焕发新生。

随着梅城古镇保护和建设的不断深入，严州古牌坊的复建也在 2019 年进入建设高峰期，当年就建成辑睦坊、富寿坊等近 10 座牌坊。2019 年 9 月 6 日，浙江省“美丽城镇”现场会又在建德

美丽城镇示范区建设动员大会

美丽城镇示范区建设动员大会

梅城召开，四方惊艳，媒体蜂拥而至。其中，这些洗尽尘埃而重新焕发新生的石牌坊，也着实让人们眼前一亮。

2020 年 12 月，再传佳绩，梅城获评“美丽城镇”省级样板，完美呼应了两年多前成为“美丽城镇”建设启航地的那一刻。而此时，牌坊的建成数量已经达到 15 座。

当你站在半朵梅花形状的城墙城垛上，回望秀丽的古城，你可能不知道眼前的青砖古街、白墙黛瓦以及林立的牌坊，在不久前还到处是密布的蜘蛛网状的电线，早晨从“蜗居”起来的人们第一件事是出门“倒马桶”，道路上杂乱无章、拥堵不堪……而在这两年多的时间里，古镇完成棚改征收 3000 余户，企业搬迁 30 余家，古城核心区迁出人口超过 7000 人，房屋拆除、降层 100 余幢……正因为当地干部群众的共同努力，才有今天严州古城的新生命、新面貌、新发展。

获评“美丽城镇省级样板”，对梅城而言是一段崭新历史的开始。

牌坊复建

那么，牌坊和“美丽城镇”有什么关系呢？可以说，没有“美丽城镇”，就没有古牌坊的大规模复建。

一座千年古城的复建，不同于平地而起的新城建造，其工程远为复杂，更为艰辛。但是，出于对传统历史文化的尊重和对梅城这座有着1800来年悠久历史古城的热爱，建设者们集思广益，科学论证，很快确立了“综合保护和开发利用”相结合的复建思路，在充分发掘严州历史文化的基础上，先进行综合保护，再结合历史复建古城。当时有人问：什么是“千年古府”？其中有位学者型领导有一个经典的回答：牌坊林立就是中国的“千年古府”。众人深以为然！既然意见统一了，于是古牌坊的复建也就进入了高潮。

每一座古牌坊都有其渊源，都有其生命，都有其所处时代想告诉当代人的故事。只是古人没想到，千百年后，很多牌坊依然不失其时代价值，依然被华夏儿女所崇敬和珍爱。这真是中华文化之大幸。

严州古牌坊在清代鼎盛，最多时共有199座，到民国年间，牌坊数仍达122座，这是严州古城具有深厚文化底蕴的有力证据。作为当代建设者，自然知道文化对于一座古城的重要性，于是就有了那位专家对“什么是千年古府”的回答：牌坊林立就是中国的“千年古府”。近两百座的牌坊，在历史的长河中慢慢消逝，现在要复建，谈何容易。建哪座？不建哪座？先建哪座？后建哪座？这些问题谁来回答。建德市、梅城镇领导组织邀请清华大学、复旦大学、同济大学等六家单位的知名专家做顶层设计，同时邀请严州文化研究会参与其中，还邀请杭州市考古研究所提供考古专业支持。经过多轮研究讨论，最后同济大学的古城复建设计稿，包括古牌坊的复建方案，得到了大家的一致认同。

确定方案后，建设者们专门组织人员收集整理牌坊资料，特别是图像资料，并实地走访梅城老人，了解牌坊形状、构造、特征等。对于在“文革”期间被毁的石牌坊，专门组织知情老人召开座谈会，了解牌坊的原址；更重要的是，了解到石牌坊的残件绝大部分都埋在原梅城影剧院地下。根据这些信息，每座牌坊建设前，都会组织召开专题评审会，经各方专家充分论证后，再确定建设方案，其中还特别要求牌坊尽可能选择在原址复建。

在这过程中，发生了很多或喜或悲的故事。比如，正当人们苦于严州古牌坊在 1966 年被全部推倒而没有参照物时，几张神秘的照片出现了。这些照片的拍摄时间是 1937 年，作者竟是国立浙江大学校长竺可桢先生。竺校长是气象学研究大家，怎么就与严州古牌坊结缘？原来，1937 年日本侵略者全面侵华，为保证浙大师生安全，11 月竺可桢校长带领大家开始了一场教育救国的“文军长征”，一路向西，直至贵州。这中间第一站就是梅城，浙大师生们在此生活了 40 多天。而前面所提到的照片，正是竺可桢先生在那兵荒马乱的年代亲自所摄，其中有“纯孝格天坊”“清朝耳目坊”等。这些照片，为设计者和工匠们复建古牌坊提供了重要支持，所以我们要衷心感谢竺可桢先生。

说来奇怪，80 多年前，古牌坊吸引了竺可桢先生，即使在兵荒马乱的西迁途中，也不能影响先生对美的留恋，即使那很有可能还是先生第一次见到严州古牌坊，但是一见倾心。回到文章开头，80 多年后的今天，当同样来自浙江大学的张梦新教授看到古牌坊时，同样表现出一见钟情，简直如出一辙。

斗转星移，两位学者在相距近百年的不同时空中，却在同一

南峰塔（浙江大学档案馆提供）

老南大门（浙江大学档案馆提供）

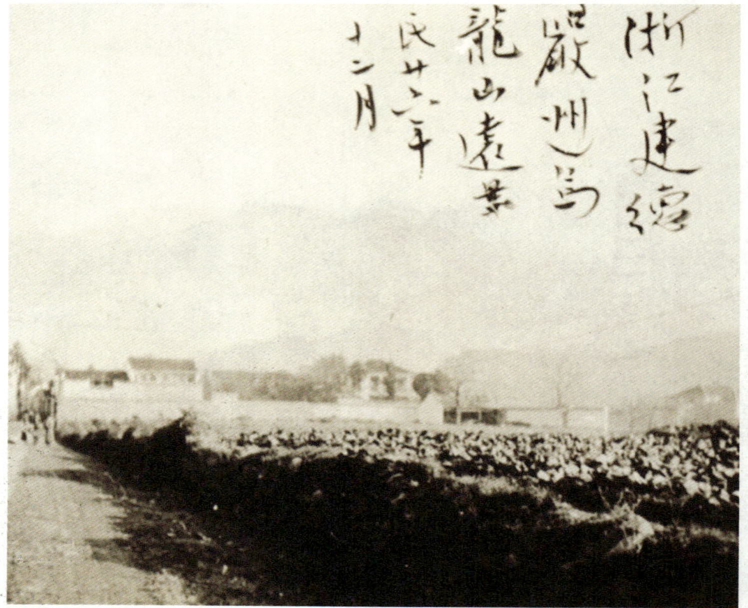

乌龙山（竺可桢摄于 1937 年秋，浙江大学档案馆提供）

地点被古牌坊深深吸引，这不只是偶然，而是牌坊内在深厚的文化底蕴跨越时空将两位学者连在一起，他们一起被中华文化之精美而感动。可见古牌坊对于严州古府，意义实为重大。

再如，由于梅城古镇的建筑、街巷随着时间推移发生了很大变化，一些牌坊复建之前，需要建设者们抽出大量的时间和精力与周边的百姓商议。一方面，牌坊复建的位置需要根据历史记载、老人回忆、整体规划等多方面因素确立，如果要改动，则会“牵一发而动全身”；另一方面，因为石牌坊动辄高达 12 米，宽度也超过 10 米，复建牌坊的难度不亚于在马路中间建一座带门洞的三层城楼，对周边建筑的采光、居民的出行都会产生一定影响。所以周边居民刚开始时对此意见很大。比如“清朝耳目坊”，规划建在府前街中段，而周边居民较多，且都是原住民，所以反对声音很大。这对矛盾的双方很奇怪，一方是代表严州文化的古牌坊，另一方是具有严州精神的本土居民。为了化解矛盾，干部们既要顶着“美丽城镇”建设进度的压力，又要千方百计做通老百姓的思想。为了排除困难，获得老百姓的支持，他们不知背负了多少额外的压力。但无论如何，结果是好的，“清朝耳目坊”在经历近三年和居民沟通协商并优化方案后，终于在 2022 年 4 月底立起来了，百姓们皆大欢喜。这充分说明严州文化和严州精神的高度统一，再大的困难、再深的矛盾，也会因文化的认同而和解。

但也有因时代进步而立不起来的古牌坊。在第一稿的牌坊复建规划中，“贞节坊”赫然在目。严州古城曾有两座贞节坊，皆毁

严州老牌坊（浙江大学档案馆提供）

严州老牌坊（竺可桢摄于1937年秋，浙江大学档案馆提供）

于兵燹。据清光绪《严州府志》记载：“贞节坊二，一为徐宗宝妻沈氏，一为御史柴文显妻余氏立。”何为贞节坊，许多人只知其一，不知其二。明洪武元年（1368）诏令：“民间寡妇三十以前夫亡守志、五十以后不改嫁者，旌表门闾。”这种封建礼教不知害了多少青年女性，放在新时代的今天，简直不可思议。一座贞节坊，就是一位妇女几十年的辛酸泪。比如严州贞节坊坊主余氏，17 岁嫁给御史柴文显，后因柴文显得罪权贵冤死，她在 23 岁时开始守寡，并养育柴文显前妻儿子柴曦和遗腹子柴晟至成家，死于 71 岁。其间 48 年的苦难，只有她自己知道。贞节坊最终没有立起来，说明进步力量始终是主流，说明了人们的思想认识也在随着时代而进步，在古牌坊的复建上，必须取其精华，去其糟粕。

严州古牌坊的复建不会一帆风顺，也不会一蹴而就，一定是漫长的过程，必然伴随着文化复兴和“千年古府”的重现而循序渐进。据统计，从 2018 年开始规划，2019 年开始复建，截至 2022 年 4 月底，古城内共复建了 13 座牌坊，分别是三元坊、状元坊、理学名邦坊、汉富春治坊、里仁坊、辑睦坊、都宪坊、富寿坊、祖孙科甲坊、字民坊、清朝耳目坊、开国侯坊、龙山书院坊。加上 1993 年复建的思范坊和建德侯坊，古城内目前共有复建的石牌坊 15 座。因古城复建整体文化氛围的需要，还新建了 4 座牌坊，分别是棂星门坊、东湖坊、宝华洲坊、乌龙山坊。这样算下来共有 19 座牌坊，而这个数字恰恰与“文化大革命”前夕，古镇上拥有的牌坊数相同，为梅城古镇牌坊文化的复兴打赢了漂亮的翻身仗。

考古

考古是什么？“考古”一词，在汉语中出现很早，如北宋时期的学者吕大临就曾著《考古图》(1092)一书，但当时所谓“考古”，仅限于对一些传世的青铜器和石刻等物的搜集和整理，与近现代意义上的考古，含义有很大的区别。目前对“考古”含义的理解就是：实地调查古物遗迹，研究古代留下的器物或文字，来推究古代人类事迹与文化。再通俗一点，考古就是实物和文化的结合，根据古人遗留下来的实物来研究人类古代的情况。古牌坊就是一种古代的实物。

牌坊复建，考古先行。专业的事当由专业的人来做。我们首先要感谢杭州市文物考古研究所对严州古城做出的巨大贡献。早在 2014 年前后，杭州市考古人员就对梅城进行考古调查，基本摸清了严州古城的建城史。古城起始于三国吴黄武四年（225），孙权析富春县部分置建德县，为孙韶食邑；唐中和四年（884），刺史陈晟在此筑城；北宋宣和三年（1121）平方腊起义后，知州周格修复重建；明洪武二十年（1387），曹国公李文忠扩建筑城，此后一直延续至今。

随着 2018 年“美丽城镇”建设的开展，考古工作者们来到梅城，迅速进入状态。8 月，考古人员根据严州文化研究会和当地老人提供的线索，经过 3 个多月日以继夜的努力，在梅城原影剧院地下发掘出大量古牌坊石构建，据统计共有 3100 余件，数量之巨，

考古鸟瞰

全国罕见，为“用活着的文物讲好梅城故事”提供了实物和实据。而这些老构建基本上都是 20 世纪 60 年代被埋的，而今天，我们把它们从地下挖出来修复重建。这绝不是简单的轮回，而是社会的进步，是人们思想认识的提高，以及对历史的尊重，对文化的珍爱和敬重。

考古

在修复兴建古牌坊过程中被挖出来的3100余件老构建，从牌坊的结构分析，自上而下包括葫芦宝顶、龙雕（鱼龙吻）、字匾、斗拱板、栌斗、定盘枋、花板、雀替、枋、柱、抱鼓石、挨狮砷、底座等几十种构件，几乎包括古牌坊的全部构件。比如竖排字匾“恩荣”，即代表牌坊的等级，属于皇帝下旨，地方出资建造的牌坊；再如横排主字匾“清朝耳目”，则教化百官清晨即起，带上耳朵和眼睛，多了解民间疾苦；还有很多花板，雕刻精细，包括双龙戏珠、策马奔腾等动态形象，也有祥云、瑞兽、梅兰竹菊等代表中华传统文化的图案。总之，出土的构件十分丰富，具有重要的历史、文化、艺术价值。

由于年代久远，加之长期被埋藏于地底下，这些老构件被挖掘出来时已经面目全非，需要考古团队付出巨大努力才能修复。首先要对挖掘出来的物件进行全面清洗，小心除去构件上残留的水泥、石灰等物（据当地老人说，这些石料曾被当作建影剧院的地基使用，所以有水泥残留）；其次需要开展分类统计、拍照测绘、拓印等考古保护工作，并进行保存；然后还要查阅文献资料，明确每一块老构件的名称和用途。由于工作量大、难度高，考古团队又与南开大学文博学院合作，最终完成老构件标本的整理工作。这些细致扎实的考古工作为后续复建石牌坊奠定了基础。

牌坊是封建时代的历史产物，不一定都是精华。如前所述，当时严州古城就有“贞节坊”，表彰“贞女”“节妇”，宣传封建礼教，成为毒害妇女的精神枷锁。但是，绝大多数牌坊的意义却是积极正面的，比如“思范坊”让我们思念范仲淹这位著名的思想家、政治家和文学家，弘扬其“先天下之忧而忧，后天下之乐而乐”的精神；“建德侯坊”让我们纪念孙韶这位“建功立德”的建德祖先；“三元坊”“状元坊”“里仁坊”“开国侯坊”“都宪坊”等，也都是旌表严州历史上为国、为民作出贡献的名人；“字民坊”“辑睦坊”“富寿坊”的寓意也比较积极，能够为今天的社会主义精神文明和社会主义核心价值观建设发挥作用。所以，通过考古再复建，建设者们做到了对牌坊的“取其精华，去其糟粕”，与时俱进。

考古挖掘的牌坊老构件

考古挖掘的牌坊老构件

一座牌坊的复建过程

一座牌坊的复建，不仅要规划论证，还要设计施工。它不同于一般建筑物的施工，而是要把文化装进建筑物。牌坊的形成有其特殊的历史渊源，是一座古城重要的文化标识，起到“国典旌贤”“表厥宅里”“古睦名邦”“人文焕纪”等作用。梅城的牌坊设计主要依据以下几个方面：一是严州文化研究会根据历史文献典籍资料，进行文案设计；二是浙江省古建筑设计研究院的专业支持；三是比对牌坊老照片；四是当地老人对牌坊的回忆；五是根据史实，进行深入挖掘。

目前能够收集到的老照片，主要是清朝耳目坊、纯孝格天坊、校场坊等，这为设计师对牌坊设计提供了非常好的直观依据。如清朝耳目坊和三元坊，均为四柱三间五楼歇山式建筑，高大雄伟。设计师根据照片上牌坊的形状，按比例勾勒出牌坊的设计图纸，再添加题字板、檐顶、额枋等细节，使其尽量还原成古牌坊的原形。特别是题字板上被毁的文字，须经专家学者大量研究古籍，将旌表事迹、地理名称、经世济民思想，用最简要的文字加以提炼和概括，字句珠玑，使古牌坊重现“石质经书”的价值。

一座牌坊的构建主要包括葫芦宝顶、屋面、斗拱、字碑、额枋、雀替、花板、立柱、抱鼓石、基座等几十个构件。那些老构件被挖掘出来时，大都有破损，而且散在不同地方，所以修复是一个非常复杂的工程。考古人员、设计者、工匠和管理者对此都付出

牌坊复建

牌坊复建

了巨大努力。

以清朝耳目坊为例，该坊原在府前街，为旌表广东道监察御史毛一鹭及其父毛志宸、祖父毛存元祖孙三代，不幸在“文化大革命”时期被损毁。但是，又非常幸运，浙江大学举校西迁在梅城停留办学时，竺可桢老校长于乱世中淡定从容轻按快门，亲自拍摄了一批珍贵照片，其中就有“清朝耳目坊”。“清朝耳目坊”是严州古牌坊中，唯一一座几乎全部采用考古发掘的老构件修复而建的，只有很少一部分残件无法修补，但也是用其他牌坊的残件代替，并建在1966年被推倒时的位置。复建后的清朝耳目坊壮观大气、庄重古朴、雕刻精美，书法文字气势磅礴，各种图案花纹都十分精致，高浮雕的双龙戏珠、仙鹤古松、祥云朵朵、浪花飞溅，都显得栩栩如生，是一座从内到外全部体现严州古牌坊风格和工艺水平的艺术珍品。

还有一类牌坊是根据历史、文化新建立的，如“龙山书院坊”。因为历史上并无龙山书院坊，设计者们需要结合梅城古镇上主流的牌坊形制和龙山书院的建筑风格来确定其方案。龙山书院是在范仲淹任睦州知州时主持兴建的，是中国历史上第一所州府官办的书院，在中国书院史上具重要意义。因此，在省、市、县各方共同努力下，2020 年重建了龙山书院，并结合梅城的牌坊文化，新建了龙山书院坊。其形制模仿古城内主流的四柱三间五楼歇山式牌坊，但规模更大。牌坊上的花板展现了范仲淹主持兴建龙山书院和在书院里教书育人的场景，雕工精细，栩栩如生。牌坊上的文字，如背面题字板上的“后学津梁”，正背面左右题字板上的“文经”“武纬”、“继往”“开来”，主要由严州文化研究会通过大量史料而确定，字斟句酌，充分展现了龙山书院的历史地位，以及为古代科举事业作出的巨大贡献。该坊的设立，扩大了龙山书院的建筑规模，也使整个建筑群体更趋完整。

又如“理学名邦坊”，也是一座新建的石牌坊，是研究宋明理学一项新的成果。宋明理学起于北宋时期，到南宋时形成发展的高峰。其中影响较大的理学家有朱熹（1130—1200）、张栻（1133—1180）、吕祖谦（1137—1181），被称为理学“东南三贤”。严州的理学高光时刻在宋孝宗乾道五年（1169），当时张栻任严州知州，吕祖谦出任严州儒学教授，他们又把理学宗师朱熹邀请到严州儒学讲课，三位理学大学问家齐聚严州府，一时传为佳话。其后，袁枢、陈淳、卫湜等理学家相继到严州任职或任教，形成了《严陵讲义》等理学巨作。这使严州在近70年时间里，一直是宋明理学不断走向成熟和高峰的一个重镇，并形成独特的“严陵理学”学派，对后世影响深远。

随着时光流逝，知道这段历史的人越来越少。为了彰显严州在理学发展中的历史地位，“理学名邦坊”应运而生。此坊的创建，要感谢严州文化研究会，研究会对大量史籍进行了研究，梳理了严陵理学的发展脉络，形成了详实的报告，最终确定立坊纪念。坊名、题字板的铭文、额枋雀替上的雕刻图案等，都是严州文化研究会史海钩沉、披沙拣金，并结合时代的需要，苦心研究而得出的成果，对弘扬严州文化具有极为深远的意义。该坊邀请了国内知名牌坊制作单位的老匠们结合严州牌坊老构件修复而建，风格古朴雄伟，看后令人肃然起敬。理学名邦坊的新建，是对严州古牌坊文化内涵的拓展和提升，树立了严州文化的新标杆。

朱熹

张栻

吕祖谦

在修复、重建过程中，牌坊的设计与建设者可谓呕心沥血、殚精竭虑，他们不放过任何一个细节，总是精益求精。牌坊的建筑特点相对固定，但对文化和内涵的要求较高，每一处铭文、每一处雕刻都要基于大量的历史考证。牌坊的设计者们特别注重能反映坊主生平事迹的人物故事、反映严州特色的自然风光和反映传统农业社会特征的农事农时。富寿坊正面次间的两幅浮雕，左边一幅是文人士子在山水间的行吟雅集，有人挥笔，有人吟诵，有人吹笛，有人抚琴，其乐融融；右边一幅是江上捕鱼，其中一渔夫正撒开渔网，一渔夫正奋力摇橹，生活气息十分浓郁。牌坊背面次间两边，也各有一幅与正面次间对应的浮雕，左边一幅是田园暮归，右边一幅是江边送行。前后四幅图，构成了一组丰富多彩的古代严陵田园生活画。画面温馨闲适，反映了士大夫和百姓对幸福生活的向往与追求，也切合了“富寿坊”俗阜人和、富裕安康的主题。图中无论是文人雅士、农夫渔父、牧童等各式人物，还是粼粼江水、渺渺云烟、奇松芳草等各式景致，都构思巧妙、刻画精细，纤毫毕现，具有鲜明的严州农耕渔牧地域文化特色和极高的艺术审美价值。

复建的牌坊上采用了大量从地下挖出来的老构件，这对建设工程又是一大难题，考验着工匠们的工艺水平。对于牌坊新用的石料，也大有讲究，主要采用严州青石。严州青石主要产自建德市及周边区域，石材细腻，硬度适中，色彩鲜艳，不易风化，是石雕的上等之材。明清时期很多皇家亭台和御道就采用严州青石，可见该石的价值。

宋家湖夜景

目前，梅城虽然修复了一些古牌坊，但是如何全面、系统而又科学、精准地恢复重建古牌坊，仍然值得认真研究。重建牌坊、再兴严州文化、重现“千年古府”盛况的路还很长。另外，“大宗伯坊”“承流坊”“睦州坊”等一大批内涵非常丰富又极具严州标识的牌坊，亟待复建。这不仅需要各级政府坚持“一张蓝图绘到底，一茬接着一茬干”久久为功的精神，还需要各方学者不

宋公桥

断开拓对古牌坊研究的深度和广度，悟透严州文化的精髓，把最能展现严州文化、最适融合文旅产业发展、最具时代价值的牌坊，竖立在严州古府的大街小巷，让来自五湖四海的游客朋友一进梅城，就有“穿越千年”的神奇体验，让古牌坊成为助推这种神奇体验的原生文化动力。

如今，严州古城入选国家 4A 级旅游景区，梅城又被确立为浙江省千年古城复兴第一批试点古镇，这将是严州文化步入新征程的又一新起点。

严州府城古牌坊

思范坊

思范坊位于梅城镇正大街北面入口处，是为旌表北宋曾任睦州知州的名臣范仲淹而立。该牌坊原在府治西北的范亭山南山口，1993 年重建于正大街。

范仲淹（989—1052），字希文，是中国历史上著名的政治家、军事家、文学家。宋真宗大中祥符八年（1015）举进士。明道二年（1033）十二月，因谏阻仁宗废除郭皇后，被贬为睦州知州。

范仲淹虽贬官睦州，然不坠“先忧后乐”之志。他上疏朝廷，呼吁广开言路，革除弊政；体恤民生，重视农事。他重视教育和人才培养，拨公帑修缮文庙与州学，并在乌龙山南麓创办了龙山书院。这是睦州也是中国历史上第一所州府官办的书院，开启了中国古代州府办学的先河。范仲淹延请名师，而且在公务之余亲临书院授课讲学，使得龙山书院名声大振。

范仲淹还带头捐献俸禄，募集资金，为严子陵构建了祠堂，并写下了堪与《岳阳楼记》媲美的不朽名作《严先生祠堂记》。在睦州任上，他还写下了《潇洒桐庐郡十绝》《斗茶歌》等 40 余首诗。

范仲淹卒于皇祐四年（1052），累赠太师、中书令兼尚书令、魏国公，谥号“文正”，世称范文正公。朱熹称之为“有史以来天地间第一流人物”。

范仲淹治政为能吏，守边为良将，居朝堂为贤相。他倡导的“先

思范坊

天下之忧而忧，后天下之乐而乐”的思想和高尚情操，将激励后人，惠泽千秋！

重建后的思范坊为四柱三间五楼歇山式建筑。正面檐顶下的龙凤形牌上镌刻有“钦定”两个大字，表明此牌坊的建立系皇帝钦定。坊眼匾额上“思范”两个大字，系当代著名戏剧家曹禺先生题写。

上额枋绘有龙象在野图案，额枋下刻有铭文：“范仲淹，字希文，宋景祐中以右司谏密阁校理知睦州。创龙山书院，建严子陵祠于钓台，作《严先生祠堂记》。”简介了坊主范仲淹的身份以及在睦州任上的主要功绩。

思范坊正面铭文

下额枋上雕刻有双狮戏绣球。次间左侧上额枋为官员审案图，中为扬帆航行图，下为麒麟瑞兽图。次间右侧上额枋为官员坐堂图，中为梅枝台阁图，下为蛟龙祥云图。牌坊的四根石柱为长方体，中间两根的柱根是两尊蹲狮，外侧两根石柱的柱根为抱鼓柱石，整个基座稳固厚重。

该牌坊背面在主门楼檐顶“钦定”牌下的匾额上，书有“先忧后乐”四个大字，是对范仲淹“先天下之忧而忧，后天下之乐而乐”思想情操的浓缩概括。而在刻有姿态各异的八个骑马图案的石梁下，下额枋题字板上刻有“思范坊，明嘉靖己未年建，圮于清末”十四字。

思范坊高约 12 米，宽约 9 米，是矗立在正大街北面恢复修建的第一座牌坊，庄重雄伟，大气壮观，恰似范仲淹的人品，正气浩然，顶天立地，表明了梅城和建德广大百姓对范仲淹这位开天下正人之路、树一代忠义之风名臣的敬仰与思念。

思范坊背面

建德侯坊

建德侯坊

建德侯坊位于梅城镇正大街，是为旌表三国东吴扬威将军、建德侯孙韶而立。

孙韶（188—241），三国吴郡富春人，字公礼。其伯父河，本姓俞，因孙策爱之而赐姓孙。建安八年（203），孙河为叛将妫览、戴员所杀，时年十七岁的孙韶召集孙河旧部平定叛乱，守卫京城，先后被吴主孙权封为承烈校尉、广陵（今扬州）太守、偏将军。

孙韶仪貌都雅，骁勇善战，善养士卒，屡立战功。魏黄初元

建德侯坊正面铭文

建德侯坊背面

建德侯坊背面铭文

年（220），孙韶被封为扬威将军、建德侯。吴黄武四年（225），吴王孙权析富春郡一部设建德县，为孙韶食邑。建德县名即来源于此，寓建功立德之意。

建德侯坊为四柱三间五楼的歇山式建筑。檐顶下牌坊正面的龙凤牌上，镌刻有“敕封”两个大字。其下匾额上“建德侯”三字，系当代著名书法家尹瘦石先生题写。而在双龙戏珠的额枋下，刻有铭文：

> 孙韶，字公礼，梅城人。善用兵，有将才。魏黄初

元年孙权为吴王时，升迁扬威将军，封建德侯。

牌坊左右次间分别雕刻有梅兰竹菊四君子的图案，明间下额枋雕刻有双狮戏绣球图案，形象生动。而四根立柱，中间两根石柱的柱根是两尊蹲狮，外侧两根石柱的柱根则是两尊抱鼓石。

整座牌坊高达12米，宽约9米，尽显高大雄伟，庄重大气。

建德侯坊背面匾额“建功立德”四个古朴遒劲的大字，为时任中共中央委员、人民日报社社长邵华泽先生所书。邵华泽是淳安人，曾在严州中学求学，并在18岁时参军，后毕业于中国人民大学哲学系研究班。曾任《解放军报》社副社长、《人民日报》社社长，1988年被授予少将军衔，1994年晋升为中将。

“建功立德”四个大字的额枋下刻有铭文：“三国吴黄武四年析富春地置建德县。”黄武四年系公元225年，说明建德县设立至今已有近1800年的历史。

牌坊背面同样分别雕刻有梅兰竹菊四君子的图案，表现了对这位“建功立德”的建德侯的褒扬与缅怀。

辑睦坊

辑睦坊

中国的里坊制承传于西周时期的闾里制度，是中国古代主要的城市和乡村规划的基本单位与居住管理制度的复合体。汉代棋盘式的街道将城镇分为大小不一的方格，这是里坊制的最初形态。

据南宋淳熙《严州图经》记载："辑睦坊，旧名黄浦，在右厢市，今改。""辑睦"，意思是合作、和睦。语出《左传·僖公十五年》："群臣辑睦，甲兵益多。"所以"辑睦坊"的寓意就是希望君臣齐心，内外和睦，国泰民安。这也是封建统治者治世安邦的美好愿望。

重建于2019年6月的辑睦坊位于今三星街东端，为两柱单间三层石牌坊。牌坊明间正面坊檐下小龛的龙凤牌上题有"御赐"两字，坊眼匾额上为"辑睦坊"三个颜体大字。其下额枋上是三只在云端展翅飞翔的仙鹤。额枋下题字板上是严州书法名家戴不庸先生所书的篆书铭文：

> 坊旧名黄浦，在原后历桥。宋淳熙中更名辑睦，明成化十五年知府朱暟重建。曩董弅修图经，喟然曰："惟严为州，山水清绝，有高贤之遐躅，久以辑睦得名。"旧坊毁于清。今复建于三星街东端，以显祯祥。

题字板下则是刻有双狮戏绣球图案的浮雕。

牌坊背面坊檐下小龛的龙凤牌上，和正面同样题有"御赐"

辑睦坊正面铭文

两字。坊眼匾额上则为“和谐”两个行楷大字，书法为严陵名家凌猛足先生所写。下额枋上与牌坊正面同样是三只展翅飞翔的仙鹤，其下额枋的题字板上刻有题字曰：

> 原名黄浦，宋孝宗淳熙中更名辑睦，明成化十五年严州知府朱暟重建。

题字板下则是刻有双狮戏绣球图案的浮雕，与正面相同。

辑睦坊背面

辑睦坊背面铭文

辑睦坊坐西朝东，是2019年梅城古镇石牌坊修复重建工程完成的第一座牌坊。其正背两面“辑睦”、“和谐”四个大字，给予了这座古牌坊以新的生命与内涵。

封建统治阶级所谓的“辑睦”，说穿了只不过是对广大民众的欺骗，而在今天这改革开放的社会主义新时代，祖国越来越强大，人民越来越富裕，中国共产党的第十六次全国代表大会更是把建设“社会主义和谐社会”作为国家的重要战略任务提出。因此我们今天见到的辑睦坊，不仅让我们想到社会历史与古城、石坊的变迁，也赋予了人们今天要和睦相处，与党和政府同心同德，共建和谐社会、和谐家园的时代新意。

都宪坊

明万历《严州府志》记载："都宪坊二，一在府治西，知府李德恢为右副都御史徐怀立。一在府治东，知府李德恢为右副都御史徐贯立。"

徐怀（？—1493），字明德，建德人。明英宗天顺四年（1460）进士。曾任刑部主事，历任江西、广东、湖广按察使，江西布政使等，累官副都御史。为官三十余年，耿介自守，清正廉洁。《两浙科名录》称其"居官勤慎，所至洗冤泽民，民咸德之"。一生清白，临终，无资产遗留家人。

严州知府李德恢为徐怀立的都宪坊毁于太平天国时的战火。

徐贯（？—1503），字元一，又字原一，淳安人。明英宗天顺元年（1457）进士，曾任兵部主事、兵部郎中、福建右参议、右副都御史等。因疏浚河道、兴修水利有功，擢升工部尚书。致仕归里后，又追加为兵部尚书、太子太傅。去世后朝廷追赠为太子太保，谥号"康懿"。

知府李德恢为徐贯立的都宪坊毁于抗战期间日军轰炸梅城时。原位于东门街观音弄口的都宪坊，于2019年8月重新修复牌坊。

修复新建的都宪坊为两柱单间硬山式建筑。正面明间牌坊檐下长方形龙凤牌上为"恩荣"两个大字，两边都雕有蛟龙护卫；其下额枋匾额上，镌刻有"都宪坊"三个大字。额枋下的写字板上题有铭文：

恩榮
都憲坊
明嚴州知府事德恢爲徐貫立貫淳安人天順元年進士官至右副都御史進工部尚書爲政間安遷有績戰功顯赫治水有方卒贈太子太保
元
子铺
严州干菜鸭

都宪坊

明严州知府李德恢为徐贯立。贯，淳安人，天顺元年进士，官至右副都御史，进工部尚书。为政间安边有绪，战功显赫，治水有方。卒赠太子太保。

牌坊的背面额枋上题有“太子太保”四个大字，这是徐贯去世后朝廷对他的封号。下额枋的题字板上刻有铭文：

严州古城有都宪坊两座，明万历年间严州知府李德恢为建德籍御史徐怀立，在府治西。此坊为淳安籍太子太保徐贯立。

都宪坊正面铭文

太子太保
嚴州古城原有都憲坊兩座一座在府治西此坊明萬歷年間嚴州知府李德恢為太子太保徐貫立
小洋人餐馆
状元包子铺
都宪坊背面

都宪坊背面铭文

牌坊正面与背面的下额枋，均雕有双狮戏绣球的浮雕图案；而两面下额枋明间的雀替上，则分别刻有徐贯守边时率军出战和治水救灾的图案，是对徐贯一生主要成就的高度概括。

《明史》中多处有徐贯疏浚、开挖河道，兴修水利的记载，特别在任工部侍郎时，曾先后主持治理苏、松水患，南畿水利和浙西水利，采用疏浚河道、开挖水渠、修筑堤坝等多种方式，使河、港、泾、湖等相通相连，上游通畅，不复堙滞，下游疏通，不复壅塞，终使水患悉除，擢升工部尚书。故徐贯当之无愧地堪称明代的治水专家和功臣。

富寿坊

富寿坊，最初名易俗坊。南宋淳熙《严州图经·坊市》曰：“阜俗坊，旧名‘易俗’，在左厢下市。今改。”南宋景定《严州续志》曰：“物阜坊，旧名‘阜俗’。”（物阜，意为物产丰盛。阜俗，意为高于流俗。）而明万历《严州府志》曰：“富寿坊，在府前东街。成化十五年，知府朱暟重建。”

从上可知，从“易俗坊”到“富寿坊”，已历经宋元明朝，四易其名。富寿，意为富裕而长寿。《孔子家语·贤君》曰：“政之急者，莫大乎使民富且寿也。”坊名的更改变迁，似都寄寓了立坊者对当地物丰人和，百姓安居乐业、富裕长寿的美好期望，以及对美好生活的向往。

富寿坊为四柱三间三楼的歇山式建筑。牌坊正背两面顶下檐口的龙凤牌上均题有“圣旨”两字。正面上额枋上刻有五只展翅翱翔的仙鹤。坊眼匾额上为“富寿坊”三个楷书大字。下面的题字板上刻有严州名宿邓志春先生书写的铭文：

> 旧名易俗，宋淳熙中改阜俗，盖取俗阜人和之意。久废，明成化十五年严州知府朱暟重建，更名富寿。己亥秋复建于东门街，与清同治年间知府戴槃所建范公祠邻近。

富寿坊

两侧次间的题字板上，分别是“文武”和“殊品”四字，表示严州府乃是产生国家文武栋梁之才的宝地。

富寿坊正面次间左边有一幅表现文人士子在山水间行吟雅集的浮雕，浮雕中人物动作神态各异，有人挥笔，有人吟诵，有人吹笛，有人抚琴；次间右边的一幅则是表现江上捕鱼的浮雕，一渔夫正撒开渔网，一渔夫正奋力摇橹，极富严州地方特色，生活气息十分浓郁。

坊背面题有“圣旨”两字的龙凤牌下，额枋上刻有四只翱翔的仙鹤。其下的匾额上为“俗阜人和”四个行书大字。下面的题字板上刻有铭文：

富寿坊，始建于宋，旧名阜俗坊。明成化年间知府朱暟重建，更名为富寿。己亥秋复建于东门街。

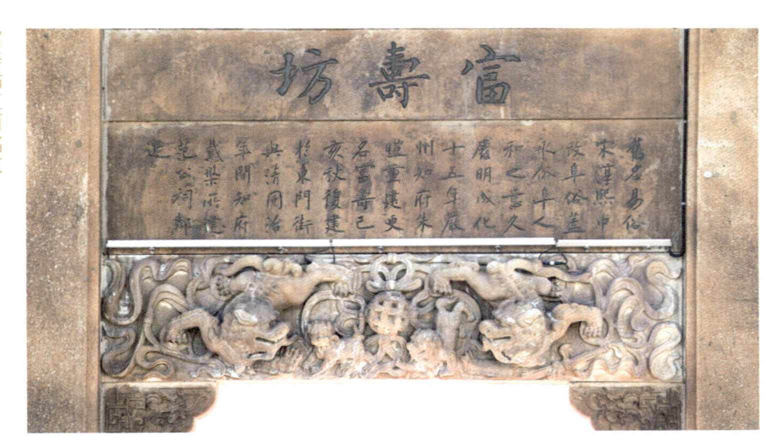

富寿坊正面铭文

富寿坊正面次间左边

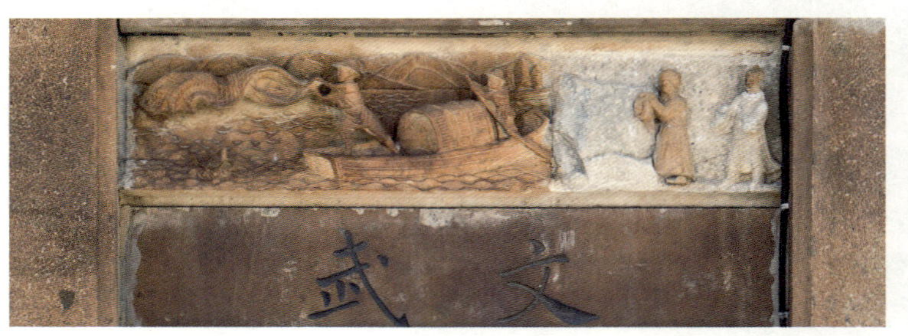

富寿坊正面次间右边

两侧次间的题字板上，分别是“将相”和“垂勋”四字，这与正面次间题字板上的“文武”和“殊品”四字相应。

而牌坊背面次间两边，也各有一幅与正面次间对应的浮雕。

左边一幅是表现田园暮归，一农夫荷锄在前，三头牛尾随在后；而其中一名牧童骑在牛背，正转身与旁边身负柴薪的母亲说话。好一幅温馨的田园生活图。右边一幅则表现江边送行。一艄公撑篙停船，一书童正牵马上船，主人拱手示谢；而岸上的送行者也正拱手送别，一童子手捧酒壶站其身后。

前后四幅图，构成了一组丰富多彩的古代严陵田园生活画。

富寿坊背面

富寿坊背面次间左边

富寿坊背面次间右边

画面温馨闲适，反映了士大夫和百姓对幸福生活的向往与追求，也切合了“富寿坊”所欲表达俗阜人和、富裕安康的主题。图中无论是文人雅士、农夫渔父、牧童等各式人物，还是粼粼江水、渺渺云烟、奇松芳草等各式景致，都构思巧妙、刻画精细，纤毫毕现，具有鲜明的严州农耕渔牧地域文化特色和极高的艺术审美价值。

古人对富裕长寿的期盼，只是他们美好的理想。而在社会主义新时代的今天，广大人民群众的这一理想正在逐渐成为现实，人们的生活正变得越来越美好，越来越幸福。

祖孙科甲坊

宋氏为严陵望族，代有才人。其始祖宋兴，东晋时被封开国侯。宋兴后人宋弁，为北魏吏部尚书；宋弁七世孙宋璟，为大唐名相。而在明代，则有宋氏宋显、宋澄、宋应奎、宋邦机、宋贤五人科甲题名。

宋显，字潜夫，严州府人，永乐十一年举人，授怀宁（今属安徽）知县。清介自守，兴利除弊，士民德之。

宋澄，字源洁，严州府人，成化十三年举人，授高淳知县（今属南京）。为官清正，曾拾金不昧，归还失主。

宋应奎，字竹波，严州府人，嘉靖二年岁贡，授汉阳（今属武汉）教授。奖励后学，尤惜寒士，入祀名宦。

宋邦机，字少坡，严州府人，乐善好施，处事公正。因子宋贤而受封赠。

宋贤，字又希，严州府人，天启二年进士，授常熟（今属江苏）知县，擢升御史时，弹劾魏忠贤逆党。为官公正廉明，后因病乞归，加赠兵部侍郎。

祖孙科甲坊原在正东街，毁于1934年。2019年10月修复重建，为四柱三间五楼歇山式建筑，高约11米，宽约12米。牌坊正面檐口下小龛的龙凤牌上，镌刻有“御赐”两字，其下的匾额为“祖孙科甲”四个隶书大字。在雕刻有双凤朝阳图案下的题字板上，刻有铭文曰：

祖孙科甲坊

祖孙科甲坊正面铭文

为严陵宋显、宋澄、宋应奎、宋邦机、宋贤祖孙三世荣登大明科举而立。

下额枋是双龙戏珠的雕刻。次间的左右两侧下额枋上，分别为“严陵”“望族”两个大字。在额枋上面，则分别是宋兴亲乘

祖孙科甲坊正面次间左边

祖孙科甲坊正面次间右边

战车带领将士们英勇征战的雕刻。

牌坊背面在明间正面檐口下小龛的龙凤牌上，同样镌刻有“御赐”两字，其下的匾额为“开国名臣”四个楷书大字。在雕刻有双凤朝阳图案下的题字板上，刻有铭文曰：

宋氏为严陵望族，世居建德。其始祖讳兴者，由冀州刺史封开国侯，食邑于睦。至唐开元有讳璟者，官御史，出为睦郡守，世有春风有脚、大唐中兴名相之谓。至明一代，祖孙三世荣登科举，成为佳话。严陵宋氏，瓜瓞绵延，越千年而领风骚，实为严陵世家之翘楚也。

该铭文概述了严陵宋氏自晋至明一千多年间英才辈出的光荣历史，由严州名宿王关福先生用正楷书写。

次间的左右两侧下额枋上，分别为“春风”“有脚”两字。“春风有脚”，是对唐代名相宋璟的赞誉，因为宋璟勤政爱民，人们都说他就像长着脚的春天，所到之处给人带来温暖。次间左右两侧的额枋上，分别为宋璟带领民众兴修水利、以砖建房和作《梅花赋》的雕刻。

整座牌坊从檐顶、坊梁、斗拱、题字板到柱基，都嵌用了严州古牌坊的若干原构件，人物、车马、狮子、麒麟、梅花、祥云等雕刻工艺精细入微，颇显修复重建者的匠心。

只是两处铭文都称从宋显到宋贤为祖孙三代，则误。因宋显

祖孙科甲坊背面

祖孙科甲坊背面铭文

为永乐十一年（1413）举人，宋贤为天启二年（1622）进士，间隔二百多年，故不可能是祖孙三代。

祖孙科甲坊背面次间左边

祖孙科甲坊背面次间右边

三元坊

明万历《严州府志》记载："三元坊，在府前街宣威桥上，旧即桥为名。正统十三年，知府黄澍以郡人商辂乡试、会试、廷试俱登首选，因以表之，而桥名亦以名焉。"

商辂（1414—1486），字弘载，号素庵，严州淳安人。宣德十年（1435）浙江乡试解元。正统十年（1445）会试、殿试俱第一，是明代近三百年科举考试中唯一正史留传的"三元及第"者。

初为翰林院修撰，寻入侍经筵，升侍讲。景泰时任翰林学士，再升兵部左侍郎兼左春坊大学士。成化三年（1467）再度入阁，渐升为内阁首辅，官至少保、吏部尚书兼谨身殿大学士。成化十三年上疏罢黜司理太监汪直未果，力请告老还乡。以少保致仕。家居十年后去世，获赠荣禄大夫、太傅，谥号"文毅"。

商辂为人刚正不阿、宽厚有容，姿容美好，身材挺拔，人品学问都受人敬仰。《明史》引时人评曰："我朝贤佐，商公第一。"

原"三元坊"大部毁于抗战期间日机轰炸，2019年春"三元坊"系首批重点修复的古牌坊之一。原古石坊的狮子、斗拱、花板、额枋等老物件，都挖掘出来并用入新修复重建的三元坊，使这座有着五百多年历史的古老石牌坊焕发出勃勃生机，屹然矗立在府前街。

修复重建的三元坊为四柱三间五楼的歇山式建筑。正面明间上檐下的"龙凤牌"上镌刻有"御制"两个大字，表明该牌坊系皇帝下旨并出资建造，为牌坊的最高等级。其下额枋的匾额上"三元

三元坊

坊”三个大字，为明代书法名家祝允明所题写。下额枋的题字板上镌刻有旌表铭文：

> 商辂，严州淳安人，明永乐十二年生于严州古城。乡试、会试、殿试皆第一，誉名三元。辂为人平易沉稳、刚正宽宏，于景泰京师之卫及罢黜西厂中，极显砥柱之用。于赈恤弥灾诸务，条陈进疏，勤政有加，致仕归里，捐赀粮、劈岭道，民多嘉惠。

对商辂的事业功绩作了概要精当的评价。

正面明间下额枋的题字板上题有“会元状元解元”六个笔力遒劲的大字 ，出自明代书法大家董其昌之手。正面中间两根石柱上刻有楹联：

> 令德遗坊锦绣河山怀一哲；
> 高名逾柱云章日月仰三元。

此联为乡耆罗嘉许老先生所撰，书法家邓志春先生书写。

三元坊背面明间额枋的匾额上，题有“科甲第一”四个大字，也系明代书法大家董其昌题写，古朴庄重，笔力雄健。其下额枋的题字板上，则刻有“明正统十三年，严州知府黄澍为郡人商辂三元及第立”22 字。

三元坊正面铭文

修复新建的三元坊高 12 米，宽 11 米。底座四块巨石重达数十吨。四根长方体立柱端庄厚重。而两对姿态憨厚可掬的石狮，则巧妙将立柱与基座紧密相连。坊体正反两面的额枋上都镌刻有双龙戏珠的图案。枋间上下梁上雕刻的瑞兽、祥云、珍禽、异卉等，都是精雕细刻，工艺复杂而精美，极具艺术价值和审美价值。

笔者以为，人们纪念商辂，不仅是因为他三元及第，位高权

三元坊背面

三元坊背面铭文

重，更是因为他品德高尚，为人刚直，能关心民瘼，为百姓办实事，是国家的中流砥柱。

三元坊的壮观雄伟和精美的建筑与雕刻工艺，与坊主商辂的高尚人品和学识功德交互辉映，相辅相成。使得三元坊和思范坊、建德侯坊一起，成为严州古城石牌坊文化的代表作和梅城文化符号的新地标。

状元坊

状元坊，系为旌表科举状元、严州人方逢辰立。明万历《严州府志》记载："状元坊，在府前正街三元坊下，宋淳祐庚戌知州赵汝历为状元方逢辰立。"

方逢辰（1221—1291），原名梦魁，字君锡，号蛟峰，淳安人。淳祐十年（1250）庚戌科殿试，宋理宗钦点方逢辰为状元，并将其"梦魁"之名改为"逢辰"。始补承事郎、佥书平江军节度判官厅公事，后任官秘书省正字、校书郎，因上疏条陈海州丧师丑闻，遭理宗不悦，遂称疾求去。开庆元年（1259）复召为著作郎，但不久又因言事忤贾似道罢官。应聘到婺州讲学，生徒从游者数百人，人称"蛟峰先生"。

景定二年（1261）后历任婺州知州、嘉兴知府、秘书阁修撰等，累官至户部尚书，后改礼部、吏部尚书，因贾似道专权，俱不受，回乡游历，教书授业。宋亡后，元世祖曾下诏起用方逢辰，也遭拒绝。

方逢辰是南宋著名教育家、理学家，虽屡遭贬谪，但能刚正不阿，清介自守。曾先后在江南石峡书院、和靖书院、婺州学堂、东湖书院等授徒讲学，著述颇丰。后人辑有《蛟峰先生文集》。

状元坊自淳祐庚戌年初立，至今已有770余年，旧坊毁于太平天国时期兵燹。2019年5月修复重建，它也是严州古城中轴线上第一座被修复重建的古老石牌坊。

重建后的状元坊为四柱三间五楼的歇山式建筑。正面檐下龙

状元坊

凤牌上书有“御赐”两个大字，其下的坊眼匾额上题有“状元坊”三个大字。写字板上的铭文为：

> 逢辰，严州淳安人。淳祐十年举进士第一，累官吏部尚书。逢辰天资秉异，博览广赜，犹会极于周程朱子之学，以格物为穷理之本，笃行为修己之要。居官所至，皆以教化为务。居家则讲学于石峡书院，生徒常数百人。学者称蛟峰先生。

正面题字板下，中间是两只正在戏耍绣球的小狮子和两条威武的蛟龙；东西两侧的外间，则上面都是一双展翅翱翔的飞凤，下面是两只威风凛凛的麒麟。

牌坊背面檐顶长方形龙凤牌上题有“御赐”两字，额枋“甲第魁首”四字十分醒目。其下的题字板上刻有“宋淳祐庚戌严州府知府赵汝历为状元方逢辰立”二十字。题字板上方与下面所雕刻的图案都与牌坊正面的一样。

重修的状元坊，其檐顶、斗拱、抱鼓石、花板等均是从地下挖掘出来的古牌坊老构件，现仿旧重修，重见天日，仿佛脱胎换骨，尤显雄伟挺拔。

坊上正反两面雕刻的飞凤展翅、游龙戏珠、花卉、珍禽等图案均十分精细传神；次间斗拱下左右两侧的飞凤、麒麟等也都是精雕细琢，栩栩如生。这些飞凤、游龙、麒麟、仙鹤和瑞草、祥云等，

状元坊正面铭文

在中华文化中都表示吉庆祥瑞之意，具有鲜明的江南地域文化艺术特色。

方逢辰早年在石峡书院读书时曾写有《石峡山茶盛开》诗：

冰崖赤骨物俱老，火树生阳我不孤。

状元坊背面

状元坊背面铭文

铁叶几经寒暑战，丹心不为雪霜枯。
托根峡里老居士，加号花中烈丈夫。
颜色不淫枝千古，洛阳牡药只为奴。

诗中以冰雪山崖中的山茶花托物言志，表明自己高洁的志向。方逢辰的一生也是践行着这一志向，虽然历经坎坷，但是保持洁身自好和笃行修己的独立人格。而这也正使得方逢辰这位状元至今为人所纪念和敬仰。

汉富春治坊

富春县建于秦王政二十六年（前221），至三国吴黄武四年（225），孙权析分部分富春地置建德县。据光绪《建德县志》记载："汉富春治坊，《康熙旧志》在县治前，旧名司牧坊。《万历府志》成化二年知县向正建，万历十一年知县俞汝为改建。"

光绪二十七年的一场洪水，冲毁了已有四百多年历史的汉富春治坊。直到2019年9月，随着严州古城的修缮，汉富春治坊也得到了重建。修复重建的汉富春治坊，位于梅城古镇的正大街、西门街、府前街、总府街十字路口，与重建的"理学名邦坊"东西相对，其西南则为"思范坊"。三座牌坊呈品字形矗立，成为古城引人瞩目的牌坊组合群落。

汉富春治坊为四柱三间五层冲天柱式石牌坊建筑，高12米，宽9米。牌坊正面明间顶层小龛的龙凤牌上镌刻有"御制"两字，表明该牌坊的等级最高；额枋的匾额上题有"汉富春治"四个汉隶大字，给人浓浓的古意和历史的沧桑感。

正面下额枋字板上刻有铭文：

旧名司牧坊，在县治前，明成化二年知县向正建。万历十一年，知县俞汝为改建为汉富春治坊。吴黄武四年，孙权析富春置建德县，富春实为建德故郡。自唐以降，建德向为郡邑之首。背依乌龙，面临鹊水，层峦叠嶂，

汉富春治坊

汉富春治坊正面铭文

交相辉映，实为一郡之形胜也。

牌坊正面左右次间的题字板上，分别镌刻有“吴越”和“分野”四个大字。

牌坊背面明间额枋的匾额上题有“龙兴之州”四个大字。史料记载，宋太祖赵光义、高宗赵构、度宗赵禥在登上皇位前，都曾授持节睦州诸军事行睦州刺史充防御使，或节度使等职，故严

汉富春治坊背面

汉富春治坊背面铭文

州在宋末升格为府，成为周边郡邑之首。

背面次间左右两侧的题字板上，分别为“星纪”和“南斗”两字，与正面所题“吴越”和“分野”相应 。

题字板下的横梁上，刻有“严州星纪南斗，吴越分野，古为富春治所。属地素有越角吴根之称”等字，既表明了严州的星野和地理位置，也说明了严州襟三江、辖六县，为“江浙锁钥”的重要历史地位与作用。

整座牌坊为冲天柱坊门形式，雕刻工艺简洁而精美，体现了宋代古朴典雅的建筑风格。正背两面雕刻的双龙戏珠浮雕和次间两侧花板雕刻的严陵富春山水景物图案，均形象生动、活灵活现，具有高超精湛的技艺。

理学名邦坊

理学在宋代形成高峰，而严州则是南宋理学的重镇。宋孝宗乾道五年，一代理学宗师张栻（1133—1180，字敬夫，号南轩），以直秘阁学士知严州。同年九月，浙东学派创始人、理学大师吕祖谦（1137—1181，字伯恭，称“东莱先生”），出任严州儒学教授。两人关系密切，相与论学，并邀宋代理学宗师朱熹（1130—1200，字元晦，号晦庵）到严州儒学讲学。三位理学大师齐聚严州，人称“东南三贤”。

三贤一起讲学论道，辨析理学精微，并著书立说，开创学派，吸引了天下士子蜂拥而至，使得严州成为南宋时的理学名邦，为举世所瞩目。以后，袁枢、陈淳、卫湜等理学大家又先后在严州讲学授徒，著书立说，让严陵理学再度辉煌。“理学名邦坊”，即由此而于 2019 年秋新建。

理学名邦坊为宋代风格的四柱三间五楼冲天式建筑，高 12 米，宽 9 米。牌坊正面明间的匾额上题有“理学名邦”四个欧体大字。额枋下的题字板上刻有铭文曰：

南宋理学，辐辏于严陵。乾道间，张南轩栻、吕东莱祖谦同司职于严，常讨究于学宫。时大儒朱晦庵与南轩同宗伊洛，亦来严陵讲学，或以书相与探赜，证周氏之太极，研胡氏之知言。三流齐汇，一时光耀东南。其

理学名邦坊

理学名邦坊正面铭文

后继之以陈北溪、钱融堂、赵彦肃等，从三贤游而受教者甚众。理学之盛，足誉名邦。

正面明间额枋雕刻有三贤在学官同堂研讨理学的图案；次间下额枋题字板上分别为“伊洛”和“渊源”四字，说明严陵理学不仅上承北宋程颢、程颐之学，同时也对理学有所发展发明，开启了（朱熹）“闽学”、（吕祖谦）“婺学”和（张栻）“湘学”之先声。

该牌坊的背面檐顶“御制”两字龙凤牌下，明间上额枋的匾额上题有“三贤会聚”四个大字，下额枋的题字板上刻有题字曰：

理学名邦坊背面

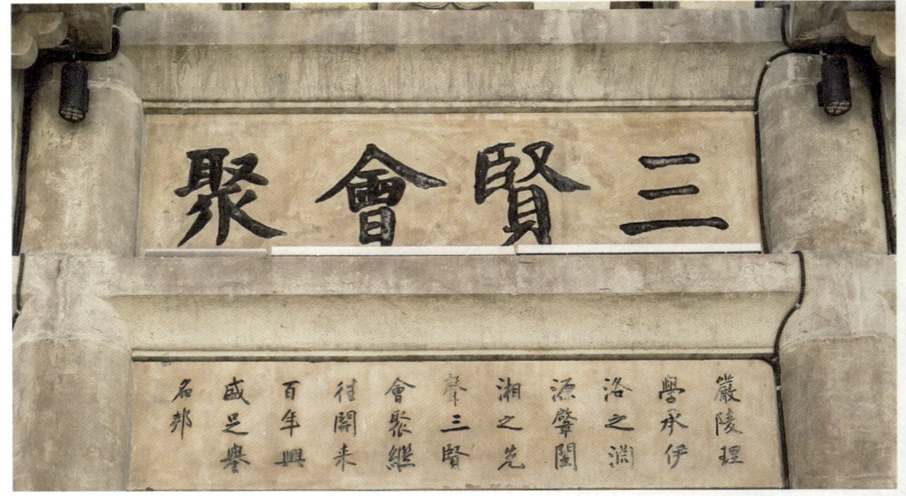

理学名邦坊背面铭文

严陵理学，承伊洛之渊源，肇闽湘之先声。三贤会聚，继往开来，百年兴盛，足誉名邦。

牌坊背面明间额枋雕刻有三贤在学官传道讲学的图案，与正面明间额枋雕刻的三贤研讨理学的图案，均刻工精细，人物形象栩栩如生，生动再现了“东南三贤”当年在严州讲学的盛况。

而牌坊次间的左右题字板上，分别写有“格物”和“致知”四个大字。“格物致知”出自《礼记·大学》：“致知在格物，物格而后知至。”意谓探究事物原理，从而获得知识。“格物”“致知”和“伊洛”“渊源”互相呼应，既说明了严陵理学的渊源，也表明了严陵理学的宗旨。

牌坊正反两面次间下额枋，分别雕刻狮子和麒麟，均为严州古牌坊的老物件，斗拱、雀替、顶瓦等，许多也是古牌坊的老构件，具有珍贵的文物价值。而“理学名邦坊”的兴建，更是让人们知道了严州文化有着深厚博大的积淀，以及星光璀璨的辉煌历史！

里仁坊

里仁坊，为纪念北宋谏议大夫江公望而建。明万历《严州府志》记载："里仁坊，在府治西南，宋谏议大夫江公望所居，因以名。"

江公望（1039—1127），字民表，号建庵，睦州（今建德）人。天资聪慧，勤奋好学，于宋熙宁六年（1073）中进士。初任河南（今洛阳西）县尉，被名臣司马光赏识，调任太常博士。后于徽宗建中靖国元年（1101）擢升左司谏。在之后长约二十余年的谏官生涯中，江公望不畏权贵，对朝政得失、官吏升迁弹劾等秉公直谏，被誉为"铁面谏官"。

他以"上不欺天，中不欺君，下不欺心"为信条，即使对宋徽宗的错误也犯颜直谏，谓："陛下临御以来，易三言官，逐七谏臣，非天所期望。"又云："人君之于谏臣，养之不可不素，用之不可不审，听之不可不察，去之不可不谨。如此数者，则用谏之道尽矣！"公望此"四不"之论，朝野传为名言。

里仁坊始建于宋，毁于太平天国时兵燹。现在的里仁坊位于梅城镇江家塘与古街之间，系 2019 年秋重建，为四柱三间五楼歇山式建筑，高约 12 米，宽约 10 米。

正面明间檐下龙凤牌上题有"御赐"两个大字，其下匾额上题有"里仁坊"三个大字。下额枋的题字板上写有铭文：

旧名仁里，为宋江公望晚年退隐所居，因改名里仁。

里仁坊

里仁坊正面铭文

公望，字民表，建德人。熙宁六年进士，受司马光举荐，任左司谏二十余年，秉公直谏，颇得朝廷倚重。己亥秋恢复牌坊祀之，足供式善。

牌坊正面左右两侧下额枋字板上分别有“里仁”“为美”四个大字。四字出自《论语·里仁》，孔子曰：“里仁为美，择不处仁，焉得知。”意为居住的地方，要有仁德才好。选择住处不在有仁德的地方，怎么能是明智呢？这里孔子强调择居、择邻当以仁德作为重要标准。

牌坊正面还绘图雕刻有江公望力谏宋徽宗在皇宫内蓄养珍禽异兽是“玩物丧志”，徽宗纳谏尽驱珍禽异兽，并于龙头拐杖上

里仁坊正面中间

刻写江公望名字以自省的故事。这使得这座牌坊不仅彰显了江公望直言敢谏的品德，也成为了一个劝谏、纳谏的生动教材。这种把坊主生平轶事绘图雕刻，而且雕工精细、图案生动的石牌坊，国内并不多见，使得该牌坊不仅具有旌表功能，也具有讽谏意义和教育意义。

里仁坊背面檐下龙凤牌上也题有“御赐”两字。明间额枋的

里仁坊背面

里仁坊背面铭文

匾额上题有“谏疏流光”四个大字，是对江公望秉公直谏、忠贞耿介品德的褒扬。而其下的题字板上，则刻有铭文：

> 《论语》曰：“里仁为美。”严陵里仁坊，始建于宋，原名仁里。后因谏议大夫江公望晚年隐居于此而改名。

在左右两侧立柱次间的写字板上，分别题有“谏臣”“辅弼”

里仁坊背面中间

四字，昭示了江公望作为谏官劝谏和辅佐国君所起的重要作用和影响。在背面的横梁上，刻有退隐后的江公望与邻里老翁们言笑晏晏、交谈甚欢的场景。浮雕中的人物须眉毕现，神态生动，整个画面洋溢着欢愉祥和之气。

所以“里仁坊”这座牌坊，不仅是对江公望的褒扬和纪念，对于我们今天弘扬江公望秉公直谏的品德，与邻里友好相处、创建和谐文明社区和重视道德品质教育，也颇具现实意义。江公望坚持“不欺天、不欺君、不欺心”的为官理念，恪尽谏官为天下任、为百姓谋的职责，在八百多年后的今天，仍然有其生命力，从而使“里仁坊”具有了特殊的道德价值、艺术价值和审美价值。

该牌坊正反两面旌表文字和铭文，都由严州名宿庄尚俊先生书写。

江家宋代乃睦州望族，除了江公望和其兄公著、其弟公明，江家还有江公佐、江公亮都先后举进士，这不可不谓是科举史上的奇迹。

字民坊

字民坊，是严州古城最古老的牌坊之一。《严州图经·坊市》记载：“字民坊，旧名申政，在左厢建德县前。今移。”“字民”两字，出自《逸周书·本典》：“字民之道，礼乐所生。”字民，意为抚治、管理百姓。南宋时赵禥在当皇太子前，曾被敕封为严州遂安军节度使，咸淳元年（1265）赵禥即位为度宗后，颁发了《咸淳御制字民铭》，其要旨是“莅事必公，拊民必惠”。字民坊，即得名于《咸淳御制字民铭》。

旧坊毁于太平天国时兵燹。2019 年 11 月，修复重建的字民坊矗立于古城字民街，正对新建的通济桥，是四柱三间五楼的冲天式石牌坊。牌坊正面明间额枋的匾额上题有“字民坊”三个楷书大字。下额枋的题字板上刻有铭文：

字民坊始建于宋，旧名申政，因御制《字民铭》而

字民坊正面铭文

字民坊

改今名，为严州府最古老牌坊之一。

两侧次间的题字板上，分别刻有“莅事”“必公”各两字。

字民坊背面明间匾额上，题有“德泽于民”四个楷书大字。下额枋的题字板上刻有铭文：

> 旧名申政，宋咸淳中因御制《字民铭》改今名。字民者，抚治百姓也。治民之道，礼乐所生，斯为恺悌以安。己亥秋月，复起宏基，以昭政旨，良多益焉。

两侧次间左右下额枋的题字板上，分别题有“拊民”“必惠”各两字。

牌坊正面横梁雕刻有《宣读圣旨图》，朝廷使臣正在宣读度宗赵禥颁发的《咸淳御制字民铭》；而牌坊背面横梁雕刻有《赈

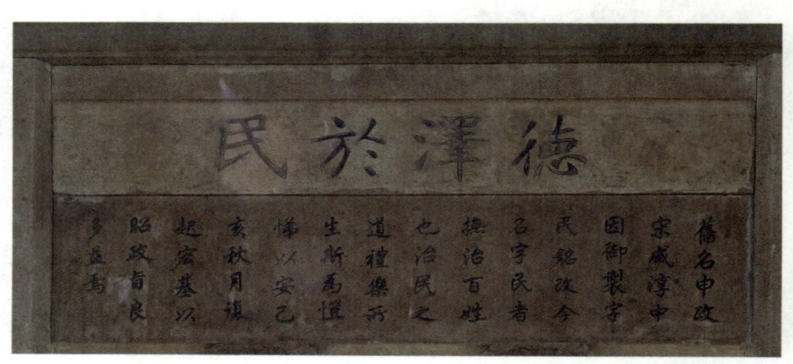

字民坊背面铭文

字民坊背面

济灾民图》，衙吏正向灾民分发粮食，人物形象生动传神。

牌坊正面和背面均有一对方形元宝为衬托，其上分别刻有狮子祥云图案；而左右次间衬托的方形元宝，则刻的小麒麟图案。整座牌坊的石刻工艺简洁而古朴，却颇显精美庄重。

今天，当我们走过字民坊时，牌坊上“德泽于民”和“莅事必公”等字，也提醒并警示着过往的民众，特别是国家公职人员，做事应遵守道德和法律，有益于国家和人民。

开国侯坊

开国侯坊，是为纪念东晋开国侯宋兴与其后裔、唐代名相宋璟而立。为四柱三间冲天式建筑。

宋兴（生卒年不详），字允起，西晋时建德人。西晋末年为冀州刺史。冀州失陷后，宋兴忠于晋室，率兵勤王，渡江至石头城（今南京），共图恢复晋室。晋元帝司马睿即位后，因宋兴勤王有功，封开国侯。

开国侯坊正面和背面檐顶下的龙凤牌上，都题有“恩荣”两字。正面明间的匾额上，刻有“开国侯”三个行书大字。额枋下的题字板上题有：

西晋末五胡乱华时，建德宋氏讳兴者为冀州太守。因统兵护龙，定鼎金陵，开国东晋有功，被封开国侯。严陵宋氏自此肇始。庚子年重修宋府，特建此坊。

匾额下的横梁上，乃是宋兴跃马横枪，率兵奋勇击败胡兵胡将的雕刻。正面次间左右额枋的匾额上，分别题有“开国东晋”“定鼎金陵”。次间左右额枋下的横梁上，分别是宋兴骑马带兵打仗和在朝被封开国侯的两幅雕刻。

牌坊背面，主要是表现唐朝贤相宋璟的事迹与功绩。

宋璟（663—737），字广平，邢州南和（今属河北）人。是

开国侯坊

閙國東晋

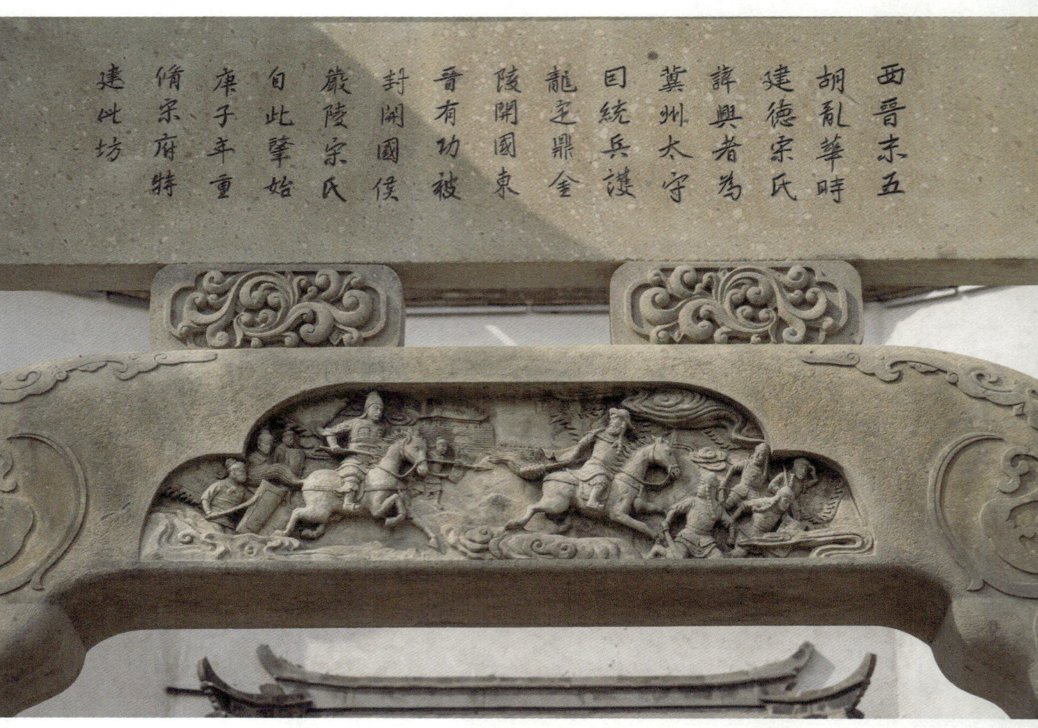

开国侯坊正面铭文

宋兴后裔北魏名臣宋弁的七世孙。唐高宗调露年间举进士。开元三年曾为睦州刺史。四年（716）冬，继姚崇居相位。为人耿介有大节，居官鲠正，敢犯颜直谏，主张宽赋税、省刑罚、举贤才，为政清廉，深得民心，人称“有脚阳春”，意为宋璟就像长了脚的春天，走到哪里，就会给那里带来温暖。曾被授开府仪同三司，

开国侯坊正面中间

开国侯坊正面左边

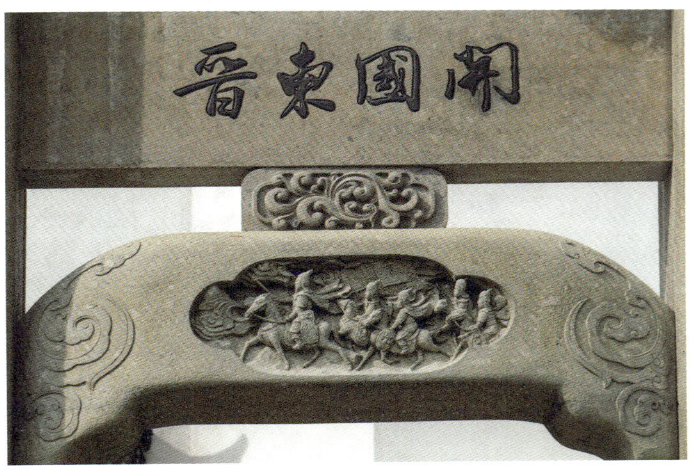

开国侯坊正面右边

开国侯坊背面

當朝一品

宋璟字廣平祖籍建德乃東晉開國侯宋興之後裔唐開元三年被貶睦州有第一賢侯之譽開元四年宋璟進京為相協助唐玄宗李隆基開創開元盛世是為唐代四大名相之一

开国侯坊背面铭文

开国侯坊背面中间

开国侯坊背面左边

开国侯坊背面右边

进爵广平郡公。死后被追赠太尉，谥号“文贞”。

牌坊背面明间的匾额上，刻有“大唐名相”四个行书大字。额枋下的题字板上题有：

> 宋璟，字广平，祖籍建德，乃东晋开国侯宋兴之后裔。唐开元三年被贬睦州，有第一贤侯之誉。开元四年，宋璟进京为相，协助唐玄宗李隆基开创开元盛世，是为唐代四大名相之一。

匾额下的横梁上，是宋璟任睦州刺史时亲自率众兴修水利之雕刻。背面次间左右额枋均为一对狮子的浮雕，其下匾额上，分别题有“当朝一品”“仪同三司”大字，表明了宋璟的官位。次间左右匾额下的横梁上，分别是宋璟威风凛凛站在战车上和深入民间赈济灾民的两幅雕刻，以表现宋璟的文治武功。

该牌坊 2020 年修复建立于梅城老街宋家湖南侧，整座牌坊高 12 米，宽 11 米。从三国时的建德侯孙韶，到东晋时的开国侯宋兴，再到唐朝名相宋璟，让我们看到了历史的传承和发展。

龙山书院坊

《中国书院辞典》“龙山书院”词条曰：“在建德，宋景祐元年（1034）知州范仲淹建，清康熙十年（1671）知县项一经重建。”龙山书院坊为四柱三间五楼歇山式建筑，系 2020 年秋新建。

牌坊正面檐顶下的龙凤牌上，刻有“御赐”两字，上端与左右各有一条蛟龙护持，下端则是一条鲤鱼托护。明间匾额上，题有“龙山书院”四个笔势酣畅雄健的行书大字。上额枋为双龙戏珠浮雕，在其下的题字板上刻有铭文：

龙山书院坊正面铭文

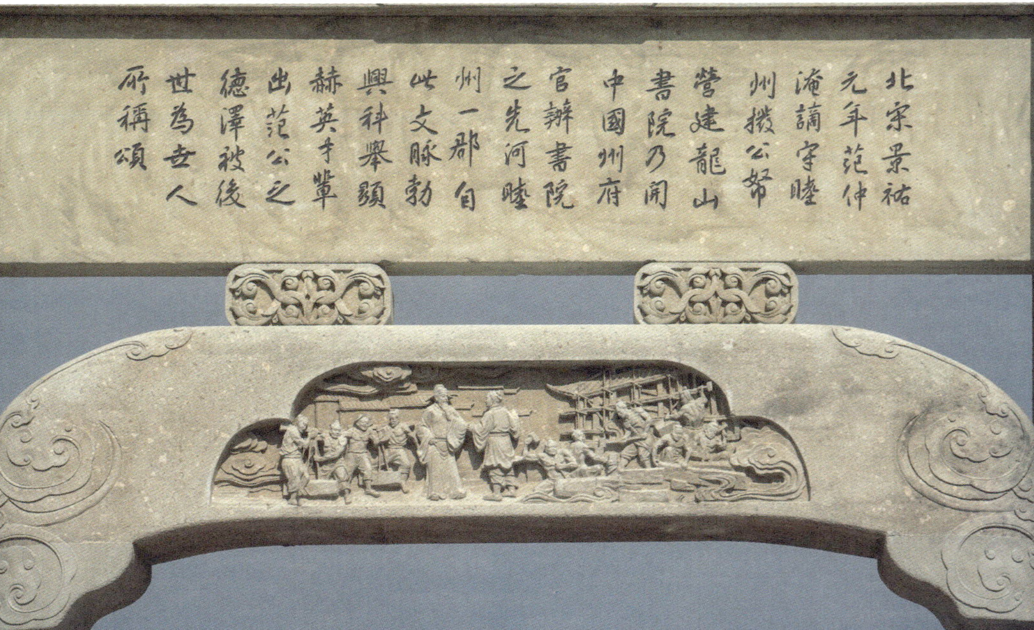

龙山书院坊

龙山书院坊正面中间

北宋景祐元年，范仲淹谪守睦州。拨公帑营建龙山书院，乃开中国州府官办书院之先河。睦州一郡自此文脉勃兴，科举显赫，英才辈出。范公之德泽被后世，为世人所称颂。

这段铭文精炼概括了范仲淹创办龙山书院的重大意义与影响。其下横梁间，雕刻有范仲淹亲率匠人建造龙山书院的情形。

次间左右题字板上，分别书有“既往”“开来”两字。次间左面的横梁，刻有范仲淹延请硕儒前来龙山书院任教讲学的浮雕；次间右面的横梁，则是先生在书院学堂给学生授课的浮雕。浮雕画面都很生动，人物形象乃至动作、表情，均是纤毫毕现，足见

龙山书院坊正面左边

龙山书院坊正面右边

龙山书院坊背面

匠人们对范仲淹这位先贤的敬仰之情。

牌坊背面檐顶下的龙凤牌上，同样刻有“御赐”两字，明间匾额上题有“后学津梁”四个行书大字。上额枋为双狮戏绣球浮雕，额枋下刻有铭文曰：

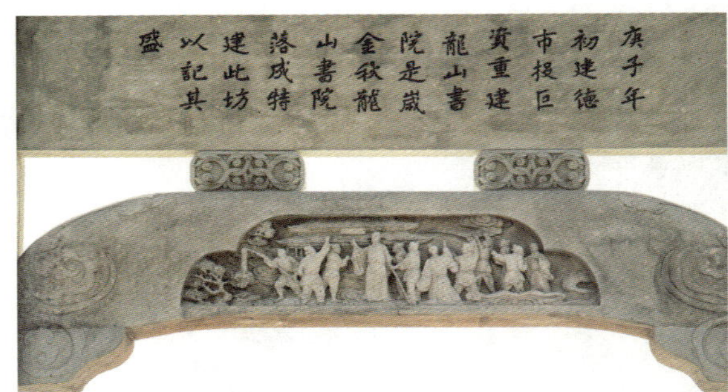

龙山书院坊背面铭文

龙山书院坊背面左边

龙山书院坊背面右边

庚子年初，建德市投巨资重建龙山书院。是岁金秋，龙山书院落成，特建此坊，以记其盛。

其下横梁上是精美的雕刻：画面中间是站在龙山书院前的知州范仲淹，周边围着众多庆贺之人，既有年轻的书生学子，也有须髯飘逸的老翁，有的正拱手相庆，有的正燃放鞭炮；天上祥云缭绕，人人喜笑颜开，洋溢着一派欢乐喜庆的景象。

明间左右两侧的额枋题字板上，分别书有“文经”“武纬”两个大字。左边次间上额枋是翠竹春笋浮雕，下额枋则是官员出行图。右边次间上额枋是盛开怒放的菊花浮雕，下额枋则是官员升堂图。表示在龙山书院的教育培养下，青年才俊如同雨后春笋般茁壮成长，他们具有“文经”“武纬”之才，正成为国家的栋梁。

新建的“龙山书院坊”在明代龙山书院旧址附近，即现在梅城古镇东湖南侧兴仁门内，整座牌坊高约 12 米，宽约 11 米，气势雄伟，端庄古朴。它是为范仲淹在严州创办龙山书院，兴教重学竖立的一座丰碑。龙山书院作为中国历史上创办的第一所州府官办书院，振兴文脉，泽被后世，其意义与影响极为重大和深远。相信这座牌坊的兴建，不但能为后学们起到渡口和桥梁的引导作用，而且将激励后辈更加重视教育和人才培养，为中华民族的复兴而努力成才育才。

清朝耳目坊

民国《建德县志》记载："清朝耳目坊，在县治前，明万历丙辰建。"该坊曾在太平天国战乱时遭毁损。1920 年毛氏后人修缮，毁于 1966 年的"文革"。2022 年春，根据原浙江大学校长竺可桢先生在 1937 年率浙大师生西迁梅城时所拍摄的照片，以及其他存世的老照片，梅城古镇修复重建了清朝耳目坊。这是梅城镇古牌坊中唯一一座几乎全部采用发掘的原牌坊老构件修复的牌坊，其高宽大小一仍其旧，基本再现了该牌坊的原貌。

重建的清朝耳目坊高约 12 米，宽约 11 米，为四柱三间五楼歇山式建筑。在正面檐顶下的龙凤牌上，镌刻"恩荣"两字。坊眼匾额上，题有"清朝耳目"四个楷书大字。这四字一般解释为清晨即起，要多听百姓呼声，多了解民生疾苦。（当然，"清朝"也可释为清明的朝代）额枋中间题字板上，刻有竖排的旌表铭文：

> 旌表明严州遂安毛存元、志宸、一鹭祖孙三世之忠孝风节。存元、志宸纯孝尚义，楷模乡里。一鹭仕松江推官，断讼循法，体恤民意，擢广东道监察御史。离任之时，民泣拥道，御表"清朝耳目，肱股之臣"。严郡立坊以彰。

其下层的横板上，题有"癸卯举人甲辰进士巡按监察御史毛一鹭"十七字。

清朝耳目坊

清朝耳目坊正面铭文

毛存元、毛志宸、毛一鹭系祖孙，严州人。毛一鹭于万历三十二年（1604）中进士，二年后毛志宸父因子贵，获赠文林郎。

牌坊背面檐顶下的龙凤牌上，同样镌刻着“恩荣”两字。明间坊眼匾额上，题有“奕世恩纶”四个楷书大字。奕世，即累世，一代接一代。恩纶，即恩诏。《礼记·缁衣》曰：“王言如丝，其出如纶。”所以“奕世恩纶”四字，是说自己一家世受皇恩。

额枋下的题字板上刻有一段文字：

大明万历四十四年，严州知府黄卷、同知黄秉石、通判刘美，为遂安毛氏存元、志宸、一鹭祖孙孝行乡里立。

额枋下层的横板上，右端刻有“旌表孝子毛存元，敕封士林”，左端刻有“毛志宸，上赐文林郎。广东道御史毛一鹭”等字。

在梅城至今修复重建的牌坊中，“清朝耳目坊”当是一座最特殊的牌坊。首先，毛一鹭是一个颇有争议的人物。仕途之初，他理狱循法，颇为干练，关心教育，修建地方学宫，奖拔诸生，表彰方孝孺，还捐俸组织刊刻范仲淹父子的《范文正公文集》《范忠宣公文集》，为人称道。但天启后为贪图荣华富贵，投靠祸国殃民的司礼秉笔太监魏忠贤，甘当魏忠贤的干儿子。身为右佥都御史、应天巡抚的毛一鹭为虎作伥，不但伙同阉党抓捕东林党骨干周顺昌，处死了为周顺昌鸣冤的苏州义士颜佩韦等五人，还建造魏忠贤生祠。故张溥在《五人墓碑记》中，怒斥毛一鹭为“魏（忠贤）之私人，周公之逮所由使也”。毛一鹭终为世人所唾弃。

其次，这座牌坊的建立，最初与时任广东道巡按监察御史的毛一鹭有关，故在牌坊铭文中对毛一鹭多有溢美之词；“清朝耳目”和“奕世恩纶”，也多为对大明王朝歌功颂德之意。

笔者认为，既然这是一座万历四十四年严州地方官立的牌坊，作为历史遗存，它自有存在价值；但是今天我们修复它，需要客观公正地介绍这座古牌坊，因为当年严州官员可能真的是为表彰毛家祖孙的孝心，但也可能是为了讨好结交毛一鹭这位御史大人。

遇見烤肉飯
福

清朝耳目坊背面

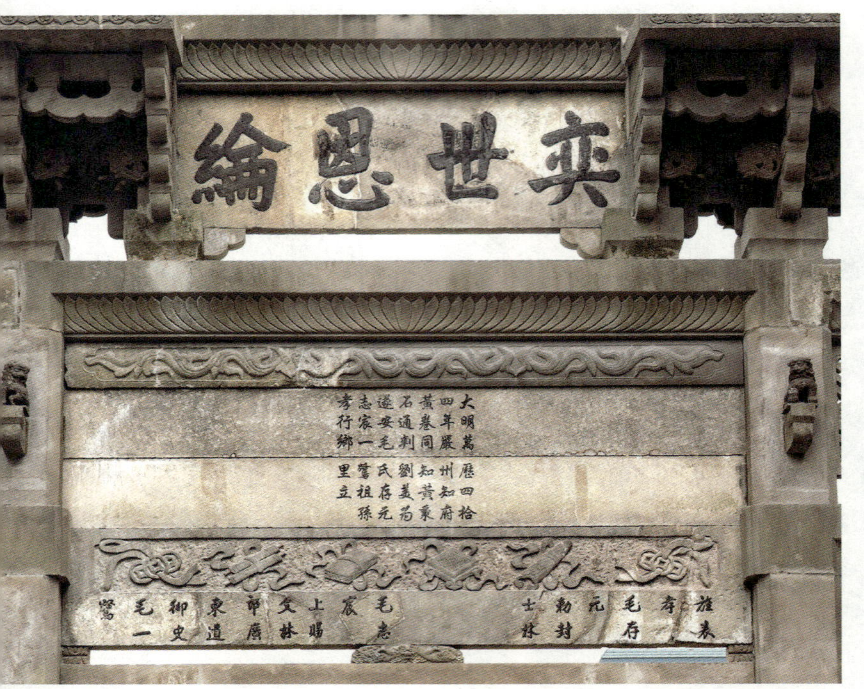

清朝耳目坊背面铭文

所以我们应该告诉世人，有的牌坊也是旧时统治者宣传封建礼教、为自己歌功颂德的特殊载体。今天的我们，应该客观、辩证地看待这些古牌坊，而且更是应该牢记，切切不能利用职权为自己和家族树碑立传。毛一鹭的蜕变，就是一个促人自警的反面教材。

附录

严州古诗选萃

严州古诗选萃目录

方　干	题睦州郡中千峰榭 暮发七里滩夜泊严光台下
吴　融	富春 新安道中玩流水
范仲淹	桐庐郡斋书事 潇洒桐庐郡十绝（选五首）
梅尧臣	送崔主簿赴睦州清溪
赵　抃	乌龙山
苏　轼	送李陶通直赴青溪
陆　游	官居戏咏（三首其一） 春寒在告有感（三首其三） 登千峰榭 严州大阅
范成大	严州
杨万里	过胥口江水大涨舟楫不进
朱　熹	青溪
赵　昀	闻喜宴诗赐状元方逢辰
方逢辰	被征不赴
谢　翱	西台哭所思
真山民	泊舟严滩

赵孟頫	桐庐道中
刘　基	九日舟行至桐庐
商　辂	桐江独钓图
	思乡
范惟一	谒祭先文正祠
胡应麟	自严滩至新安途中纪兴十首呈司马汪公（其二）
查慎行	七里泷
纪　昀	富春至严陵山水甚佳（其二）

谢灵运

谢灵运（385—433），陈郡夏阳（今河南太康）人，名公义，字灵运。东晋名将谢玄之孙，袭封康乐公。曾任永嘉太守、临川内史等职。他是第一个大力创作山水诗的作家，描写自然景物生动细致，革除了东晋诗坛玄言诗弥漫的风气。有《谢康乐集》。

七里濑

羁心积秋晨，晨积展游眺。
孤客伤逝湍，徒旅苦奔峭。
石浅水潺湲，日落山照曜。
荒林纷沃若，哀禽相叫啸。
遭物悼迁斥，存期得要妙。
既秉上皇心，岂屑末代诮。
目睹严子濑，想属任公钓。
谁谓古今殊，异代可同调。

沈　约

沈约（441—513），字休文，吴兴武康（今浙江德清）人。历仕宋、齐、梁三代。官至尚书令，封建昌县侯。他提倡“四声八病”之说，和谢朓、王融等讲求诗歌音韵的和谐，形成新体诗，时号“永明体”，对以后律诗、绝句形式的确立影响很大。有《沈隐侯集》。

新安江至清浅深见底贻京邑游好

眷言访舟客，兹川信可珍。
洞彻随深浅，皎镜无冬春。
千仞写乔树，百丈见游鳞。
沧浪有时浊，清济涸无津。
岂若乘斯去，俯映石磷磷。
纷吾隔嚣滓，宁假濯衣巾。
愿以潺湲水，霑君缨上尘。

任 昉

任昉（460—508），字彦昇，乐安郡博昌（今山东寿光）人。南朝梁著名文学家、藏书家，“竟陵八友”之一。历任御史中丞、宁朔将军、新安太守等职。《梁书》称其雅善属文，辞藻壮丽，才思无穷。

严陵濑

群峰此峻极，参差百重嶂。

清浅既涟漪，激石复奔壮。

神物徒有造，终然莫能状。

孟浩然

孟浩然（689—740），字浩然，以字行。襄州襄阳（今湖北襄樊）人，唐代著名的山水诗人。早年隐居襄阳鹿门山，四十岁时应进士试不第，归而漫游吴越。诗以五古、五言为主，意境清远，有恬淡清纯之妙。后人辑有《孟浩然集》。

宿建德江

移舟泊烟渚，日暮客愁新。
野旷天低树，江清月近人。

宿桐庐江寄广陵旧游

山暝闻猿愁，沧江急夜流。
风鸣两岸叶，月照一孤舟。
建德非吾土，维扬忆旧游。
还将两行泪，遥寄海西头。

经七里滩

余奉垂堂诫，千金非所轻。
为多山水乐，频作泛舟行。
五岳追向子，三湘吊屈平。

湖经洞庭阔，江入新安清。
复闻严陵濑，乃在兹湍路。
叠障数百里，沿洄非一趣。
彩翠相氛氲，别流乱奔注。
钓矶平可坐，苔磴滑难步。
猿饮石下潭，鸟还日边树。
观奇恨来晚，倚棹惜将暮。
挥手弄潺湲，从兹洗尘虑。

刘长卿

刘长卿（约 726—约 786），字文房，河间（今属河北沧州）人。唐玄宗天宝年间进士，终随州刺史，世称“刘随州”。其主要创作在中唐，诗歌气韵流畅，音调谐美，工于五言，被誉为“五言长城”。有《刘随州集》。

却归睦州至七里滩下作

南归犹谪宦，独上子陵滩。
江树临洲晚，沙禽对水寒。
山开斜照在，石浅乱流难。
惆怅梅花发，年年此地看。

奉使新安自桐庐县经严陵钓台宿七里滩下寄使院诸公

悠然钓台下，怀古时一望。
江水自潺湲，行人独惆怅。
新安从此始，桂楫方荡漾。
回转百里间，青山千万状。
连岸去不断，对岭遥相向。
夹岸黛色愁，沉沉绿波上。
夕阳留古木，水鸟拂寒浪。

月下扣舷声，烟中采菱唱。
犹怜负羁束，未暇依清旷。
牵役徒自劳，近名非所向。
何时故山里，却醉松花酿。
回首唯白云，孤舟复谁访。

僧皎然

僧皎然（约 720—约 803），俗姓谢，字清昼，吴兴（今浙江湖州）人，唐代著名诗僧，自言谢灵运的十世孙，但据《唐才子传》及《旧唐书》记载皎然是东晋名将谢安十二世孙。皎然在文学、佛学、茶学等方面颇有造诣，是茶文学与茶道的开创者。现存诗 470 余首，情调闲适，语言淡雅。有诗歌理论著作《诗式》。

早秋桐庐思归示道谚上人

桐江秋信早，忆在故山时。
静夜风鸣磬，无人竹扫墀。
猿来触净水，鸟下啄寒梨。
可即关吾事，归心自有期。

权德舆

权德舆（759—818），字载之，天水略阳（今甘肃秦安）人。历任太常卿、礼部尚书、同中书门下平章事等职。《唐才子传》称其“能赋诗，工古调乐府，极多情致”。有《权载之文集》。

早发杭州泛富春江寄陆三十一公佐

候晓起徒驭，春江多好风。
白波连青云，荡漾晨光中。
四望浩无际，沉忧将此同。
未离奔走途，但恐成悲翁。
俯见触饵鳞，仰目凌霄鸿。
缨尘日已厚，心累何时空。
区区此人世，所向皆樊笼。
唯应杯中物，醒醉为穷通。
故人悬圃姿，琼树纷青葱。
终当此山去，共结兰桂丛。

许　浑

许浑（约791—约858），字用晦，润州丹阳（今江苏丹阳）人。唐大和六年（832）进士，官监察御史，睦州、郢州刺史。工于诗，尤长律诗。有《丁卯集》。

寄桐江隐者

潮去潮来洲渚春，山花如绣草如茵。

严陵台下桐江水，解钓鲈鱼能几人。

晚泊七里滩

天晚日沉沉，归舟系柳阴。

江村平见寺，山郭远闻砧。

树密猿声响，波澄雁影深。

荣华暂时事，谁识子陵心。

杜 牧

杜牧（803—853），字牧之，号樊川，京兆万年（今陕西西安）人。大和二年（828）进士，曾任黄州、池州、睦州刺史，官终中书舍人。为文主张“以意为主”，“不务奇丽”。其写景抒情的小诗，多清丽生动，诗歌与李商隐齐名，人称“小李杜”。有《樊川集》。

睦州四韵

州在钓台边，溪山实可怜。
有家皆掩映，无处不潺湲。
好树鸣幽鸟，晴楼入野烟。
残春杜陵客，中酒落花前。

秋晚早发新定

解印书千轴，重阳酒百缸。
凉风满红树，晓月下秋江，
岩壑会归去，尘埃终不降。
悬缨未敢濯，严濑碧淙淙。

罗　隐

罗隐（833—910），原名横，号江东生，新登（今属浙江富阳）人。出身孤寒，因十举进士不第，乃改名，浪迹天下。晚年投靠吴越王钱镠，任钱塘令。其杂文小品笔锋犀利，思想深刻，“几乎全部是抗争和愤激之谈”（鲁迅《小品文的危机》）。有《罗昭谏集》。

秋日富春江行

远岸平如剪，澄江静似铺。
紫鳞仙客驭，金颗李衡奴。
冷叠群山阔，清涵万象殊。
严陵亦高见，归卧是良图。

早登新安县楼

关城树色齐，往事未全迷。
塞路真人气，封门壮士泥。
草浓延蝶舞，花密教莺啼。
若以鸣为德，鸾皇不及鸡。

方 干

方干（836—888），字雄飞，号玄英，睦州清溪（今浙江淳安）人。“貌陋兔缺”，但才华出众。举进士不第，隐居会稽镜湖。擅长律诗，多有诗名。门人私谥曰“玄英先生”。有《玄英先生集》。

题睦州郡中千峰榭

岂知平地似天台，朱户深沉别径开。
曳响露蝉穿树去，斜行沙鸟向池来。
窗中早月当琴榻，墙上秋山入酒杯。
何事此中如世外，应缘羊祜是仙才。

暮发七里滩夜泊严光台下

一瞬即七里，箭驰犹是难。
樯边走岚翠，枕底失风湍。
但讶猿鸟定，不知霜月寒。
前贤竟何益，此地误垂竿。

吴　融

吴融（850—903），字子华，越州山阴（今浙江绍兴）人。龙纪元年（889）举进士，历官礼部郎中、中书舍人、翰林承旨等职。其诗歌呈现多元风貌，多讽刺之作。喜近体诗，擅七律。

富春

水送山迎入富春，一川如画晚晴新。
云低远渡帆来重，潮落寒沙鸟下频。
未必柳间无谢客，也应花里有秦人。
严光万古清风在，不敢停桡更问津。

新安道中玩流水

一渠春碧弄潺潺，密竹繁花掩映间。
看处便须终日住，算来争得此身闲。
萦纡似接迷春洞，清冷应连有雪山。
上却征车再回首，了然尘土不相关。

范仲淹

范仲淹（989—1052），字希文，吴县（今属江苏苏州）人。宋真宗大中祥符八年（1015）举进士。与韩琦并为陕西经略安抚副使，抵抗西夏有功，升枢密院副使、参知政事。曾知邠州、邓州、睦州等地，均有善政，是著名的政治家、军事家、文学家。有《范文正公集》。

桐庐郡斋书事

千峰秀处白云骄，吏隐云边岂待招。
数仞堂高谁富贵，一枝巢隐自逍遥。
杯中好物闲宜进，林下幽人静可邀。
莫道官清无岁计，满山芝术长灵苗。

潇洒桐庐郡十绝（选五首）

潇洒桐庐郡，乌龙山霭中。
使君无一事，心共白云空。

潇洒桐庐郡，开轩即解颜。
劳生一何幸，日日面青山。

潇洒桐庐郡，春山半是茶。
轻雷还好事，惊起雨前芽。

潇洒桐庐郡，清潭百丈余。
溪翁应有道，所得是嘉鱼。

潇洒桐庐郡，严陵旧钓台。
江山如不胜，光武肯教来？

梅尧臣

梅尧臣（1002—1060），字圣俞，宣城（今属安徽）人。宋仁宗时赐进士出身，授国子监直讲，官至尚书都管员外郎。其诗歌注意反映社会矛盾与民生疾苦，风格力求平淡，颇受陆游等人推崇。有《宛陵先生文集》。

送崔主簿赴睦州清溪

舟轻不畏险，逆上子陵滩。
七里峡天翠，千里云木寒。
古祠鸣野鸟，乱石激春湍。
正与高怀惬，宁歌行路难。

赵 抃

赵抃（1008—1084），字阅道，号知非子，衢州西安（今浙江衢州）人。景祐元年（1034）举进士。曾任睦州知州、右谏议大夫、参知政事等职。在朝不畏权势，时称“铁面御史”。死后追赠少师，谥号“清献”。有《赵清献公集》。

乌龙山

泉石淙淙泻百寻，群峰环翠起春林。
危巅召雨云先作，不失苍生望岁心。

苏 轼

苏轼（1037—1101），字子瞻，号东坡居士，眉州眉山（今四川眉山）人。宋嘉祐二年（1057）进士。因与王安石政见不同，又不阿附旧党，故屡遭贬谪，曾出任杭州、密州、徐州、湖州等地地方官，兴利除弊，卓有政绩。他与父苏洵、弟苏辙一起，名列“唐宋八大家”；诗歌奔放灵动，逸态横生；词作豪迈劲拔，开豪放词风。有《苏东坡全集》。

送李陶通直赴青溪

忠文文正二大老，苏李广平三舍人。
喜见通家贤子弟，自言得邑少风尘。
从来势利关心薄，此去溪山琢句新。
肯向西湖留数月，钱塘初识小麒麟。

陆　游

陆游（1125—1210），字务观，晚号放翁，越州山阴（今浙江绍兴）人。早年试礼部，因得罪秦桧被黜免。孝宗即位后，赐同进士出身。淳熙十三年（1186），被起用为严州知州，陆游广行赈恤，深得百姓爱戴。陆游立志“扫胡尘”“靖国难”，但屡受投降派打击，壮志难酬。其诗激昂悲壮，雄浑奔放。有《渭南文集》《剑南诗稿》等。

官居戏咏（三首其一）

万里飘然似断蓬，桐庐江上又秋风。
判余牍尾栖鸦湿，衙退庭中立雁空。
灯火市楼知酒贱，歌呼村路觉年丰。
谁言病守无欢意，也与邦人一笑同。

春寒在告有感（三首其三）

横林吹叶水生洲，身落穷山古睦州。
到枕雨声酣旅梦，背窗灯影动清愁。
气冲星斗有孤剑，力挽栋梁无万牛。
未灭匈奴身已老，此生虚负幄中筹。

登千峰榭

飞观危栏缥缈中，聊将醉眼送归鸿。
一生未售屠龙技，万里犹思汗马功。
王衍诸人宁足责，姜维竖子自应穷。
他年吊古凭高处，想见清伊照碧嵩。

严州大阅

铁骑森森帕首红，角声骑影夕阳中。
虽惭江左繁荣郡，且看人间矍铄翁。[1]
清渭十年真昨梦，玉关万里又秋风。
凭鞍撩动功名意，未恨猿惊蕙帐空。

[1] 白乐天诗云：“川何寂寞，茂苑太繁荣。”

范成大

范成大（1126—1193），字致能，号石湖居士，吴郡（今江苏苏州）人。绍兴二十四年（1154）进士。曾出使金国，不辱使命。历任中书舍人、四川制置使、参知政事。其诗与尤袤、杨万里、陆游齐名，称“南宋四大家”，所作田园诗独创一格，影响较大。有《石湖居士诗集》《石湖词》等。

严　州

城府黄尘扑马鞍，一篙重探水云寒。
耳边眼底无公事，睡过严州二百滩。

杨万里

杨万里（1127—1206），字廷秀，号诚斋，吉州吉水（今江西吉水）人，绍兴二十四年（1154）进士。曾任国子博士、太子侍读、宝谟阁学士等职。其诗语言浅近自然、清新活泼而富有幽默情趣，人称“诚斋体”。有《诚斋集》。

过胥口江水大涨舟楫不进

北江西水两相逢，胥口波涛特地雄。
万事向侬冰与炭，一生行役雨和风。
急流欲上人声闹，近岸还移牵路穷。
河伯喜欢侬苦恼，并将恩怨恼天工。

朱　熹

朱熹（1130—1200），字元晦，号晦庵，江西婺源人。南宋绍兴十八年（1148）进士，曾任秘阁修撰、焕章阁侍制等。他是宋代理学大家，程朱理学的集大成者。谥“文”，世称“朱文公”。有《朱文公集》《朱子语类》等。

青溪

青溪流过碧山头，空水澄鲜一色秋。
隔断红尘三十里，白云红叶两悠悠。

赵 昀

赵昀（1205—1264），即宋理宗。1224—1264年在位。亲政初期采取了一些改革措施，世称“端平更化”，但因重用权相史弥远、丁大全、贾似道等，又沉湎声色，国势益衰。

闻喜宴诗赐状元方逢辰

肆予临御九宾兴，蔼蔼盈庭俊乂升。
喜赖谠言调八事，欲垂景运进三登。
摅忠社稷惟名节，济用邦家必器能。
丰艺涵濡盛今日，勉思德意共钦承。

方逢辰

方逢辰（1221—1291），原名梦魁，字君锡，号蛟峰，淳安人。淳祐十年（1250）庚戌科殿试，宋理宗钦点方逢辰为状元，并将其名改为“逢辰”。累官至户部尚书，后改礼部、吏部尚书，因贾似道专权，俱不受。方逢辰是南宋教育家、理学家，虽屡遭贬谪，但能刚正不阿，曾先后在江南石峡书院、和靖书院、婺州学堂等授徒讲学，人称“蛟峰先生”。后人辑有《蛟峰先生文集》。

被征不赴

万里皇华遣使辀，姓名曾覆御前瓯。
燕台礼重金为屋，严濑风高玉作钩。
丹凤喜从天外落，白驹须向谷中求。
敲门不醒希夷睡，休怪山云着意留。

谢翱

谢翱（1249—1295），字皋羽，号晞发子，福建福安人。曾参加文天祥的部队抗击元军，任咨议参军。过严陵登西台吊唁文天祥，作《西台恸哭记》。其诗风格沉郁，多寄寓宋室沦亡之痛。有《晞发集》等。

西台哭所思

残年哭知己，白日下荒台。
泪落吴江水，随潮到海回。
故衣犹染碧，后土不怜才。
未老山中客，唯应赋八哀。

真山民

真山民（生卒年不详），或云名桂芳，自称山民。括苍（今浙江丽水西）人。宋末进士，宋亡后遁迹隐沦，好题咏。有《真山民诗集》。

泊舟严滩

天色微茫入暝钟，严陵滩上系孤篷。
水禽与我共明月，芦叶同谁吟晚风。
隔浦人家渔火外，满江愁思笛声中。
云开休望飞鸿影，身即天涯一断鸿。

赵孟頫

赵孟頫（1254—1322），字子昂，号松雪道人，吴兴（今浙江湖州）人。宋太祖赵匡胤十一世孙，累官翰林学士承旨、荣禄大夫。博学多才，能诗善文，精书画。开创元代新画风，被誉为“元人冠冕”；与欧阳询、颜真卿、柳公权并称“楷书四大家”。有《松雪斋文集》等。

桐庐道中

历历山水郡，行行襟抱清。
两崖束沧江，扁舟此宵征。
卧闻滩声壮，起见渚烟横。
西风林木净，落日沙水明。
高旻众星出，东岭素月生。
舟子棹歌发，含词感人情。
人情苦不远，东山有遗声。
岂不怀燕居，简书趣期程。
优游恐不免，驱驰竟何成。
我生悠悠者，何日遂归耕。

刘　基

刘基（1311—1375），字伯温，浙江青田人。元末明初政治家、文学家。元统元年（1333）举进士，曾任江西高安县丞、江浙儒学副提举等职，有廉直声。至正二十年（1360）被朱元璋委为谋臣，辅佐朱元璋统一天下，为明朝开国功臣之一，官至御史中丞兼太史令，封诚意伯。其诗古朴雄放，其文气昌而奇。有《诚意伯文集》等。

九日舟行至桐庐

杪秋天气佳，九日更可喜。
众人竞登山，而我独泛水。
江明野色来，风淡汲鳞起。
苍翠观远峰，泬寥度清沚。
沙禽泛悠飏，岸竹摇萝靡。
溯湍怀谢公，临濑思严子。
紫萸空俗佩，黄菊漫妖蕊。
落帽非我达，虚坐非我耻。
扣舷月娟娟，濯足石齿齿。
澄心以逍遥，坻流任行止。

商　辂

商辂（1414—1486），字弘载，号素庵，严州淳安人。宣德十年（1435）浙江乡试解元。正统十年（1445）会试、殿试俱第一，是明代近三百年科举考试中唯一正史留传的“三元及第”者。历仕英宗、代宗、宪宗三朝，内阁任职前后达十八年，为官刚毅，宽厚有容，心系国民，是明代一位有影响和建树的政治家。有《商辂集》等。

桐江独钓图

拂袖长歌入富春，沧江深处独垂纶。
短蓑不换轩裳贵，千载高风有几人。

思乡

故园在何处，孤剑滞天边。
人去随重译，书来定隔年。
鸟啼山雨后，花发野亭前。
触忤偏堪怪，能令两鬓鲜。

范惟一

范惟一（1510—1584），字允中，一字于中，华亭（今上海松江）人。范仲淹十六世孙。嘉靖二十年（1541）进士，历官钧州知州、济南府同知、工部郎中、南京太仆寺卿等。曾平凡多起冤狱，惩办豪强，赈济灾民，颇有范仲淹遗风。著有《振文堂集》、《石仆集》等。

谒祭先文正祠

司谏封章为国谋，逆鳞翻拂凤池头。
左迁暂守桐庐郡，卧治长吟潇洒楼。
奎壁灵光终古映，冠裳遗迹至今留。
幸持蘋藻陈祠下，俯仰乾坤五百秋。

胡应麟

胡应麟（1551—1602），字元瑞，号少室山人，又号石羊生，浙江兰溪人。明代中叶著名学者、诗人和文艺批评家。他布衣一生，酷嗜藏书和著述，学问渊博。 有《诗薮》《少室山房类稿》《少室山房笔丛》等。

自严滩至新安途中纪兴十首呈司马汪公（其二）

一滩高一丈，滩尽到天都。

叠嶂云飞动，阴崖日有无。

辛夷残紫落，踯躅乱红敷。

独少行云庙，分明入峡途。

查慎行

查慎行（1650—1728），初名嗣琏，字夏重，号查田，改字悔余，晚号初白老人，浙江海宁人。康熙三十二年（1693）举人，四十二年以献诗赐进士出身，授编修。雍正间，受弟查嗣庭狱株连，旋得释，归后即卒。诗学东坡、放翁。有《他山诗钞》《敬业堂集》。

七里泷

泷中乱峰高插天，泷中急水折复旋，泷中竹树青如烟。
白龙倒垂尾蜿蜒，泄云喷雾为飞泉。
晴光一线忽射穿，雨点白昼打客船。
船行无风七十里，一日看山柁楼底。

纪 昀

纪 昀(1724—1805)，字晓岚，别字春帆，号石云，直隶献县(今属河北)人。乾隆十九年(1754)进士，官至礼部尚书、协办大学士、太子少保。任《四库全书》总纂官。其书斋名阅微草堂，所作《阅微草堂笔记》内容博杂，文笔精炼。有《纪文达公遗集》。

富春至严陵山水甚佳（其二）

浓似春云淡似烟，参差绿到大江边。
斜阳流水推篷坐，翠色随人欲上船。

跋

本人挂职梅城已半年有余，感触良多，其中最为深刻的是，梅城是一个人杰地灵、人文荟萃的地方，虽然她因为历史的变迁而不断沉浮，但好像一个昔日的贵族，即使如今不再光耀四方，却仍气度不凡。

这里物华天宝，有很多值得人们留恋的理由，如自然风光独特优美，乌龙山像一座高大的屏风，为梅城挡住风雨；三江汇聚于一城，水量充沛，就像财富与好运源源不断流入；南北峰塔，是城市的标志，告诉人们严州曾经的辉煌。如人文荟萃，诗人名士来此络绎不绝，留下数以万计的佳作，让这个府城面积不大的地方，满满都是文化。再如戏曲、书院、刻本、民俗，无论哪样，都令人叫绝，不愧为一座“千年古府”。而这无数值得留恋的理由中，那些历尽沧桑的“古牌坊”最是让人无限向往，于是我决心为梅城奉献一份小小的礼物——编著一本小书《严州府城古牌坊》。

言必信，行必果。有了这份心意，于是立刻行动，查阅资料，访谈专家，构思写作框架，让理想照进现实。待书本写作框架一出，即向梅城镇党委、政府正式提出写作此书的想法，立刻得到大力支持。有此一颗定心丸，书本的写作顺利进入轨道并快速推进。

本书的写作过程中，得到了杭州市委统战部、梅城镇党委、镇政府、严州文化研究会、严州摄影协会、杭州市文物考古研究所等领导和专家的大力帮助与支持。特别要感谢：严州文化研究专家陈利群先生为本书写作提供了坚实的学术支撑；建德籍摄影大家王春涛先生提供了大量严州摄影佳作为本书配图，使本书增色许多；陈彬、胡斌航、陈超、陈韵之、唐黎明、邵帅、王登杰、钱振等先生为本书写作提供了访谈、资料、校勘、社会资源等多方面的帮助；我们还要感谢浙江大学出版社的大力支持，浙江大学档案馆为本书提供了珍贵老照片，以及武汉市千象文化传播有限公司为本书绘制严州府城古牌坊分布图，在此一并致以谢忱。

当然，还有严州本地很多人士的无私帮助，才使本书得以问世。可以说，本书是一个群策群力的合作成果，在此，谨向所有关心、爱护并支持本书写作的人们表示衷心的感谢。

诗圣杜甫曾说："文章千古事，得失寸心知。"在本书即将付梓之际，我们的内心也有些许遗憾和不安，因为毕竟书稿的写作时间不长，尚未能把美丽严州和古牌坊的魅力很好地呈现于笔端，或许也会有错讹之处。希望能得到方家的指正。

张 炜

二〇二二年六月